WILLIAMS-SONOMA

Sur le GRIL

Recettes
WILLIE COOPER

Recettes des cocktails
JORDAN MACKAY

Texte
FRED THOMPSON

Photographies
RAY KACHATORIAN

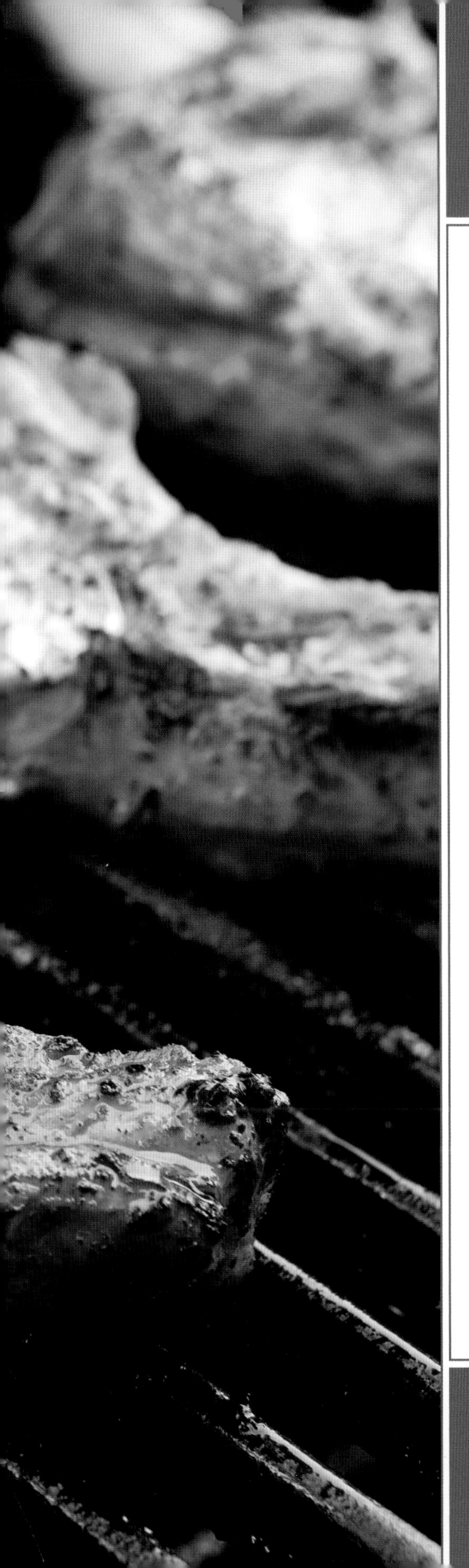

Table des matières

INTRODUCTION

AVENTURES AU PAYS DES GRILLADES

Matériel pour le gril

Il y a un gril pour toute occasion. Évidemment, la pensée d'un bifteck grésillant ou de côtes levées badigeonnées de sauce dégoulinante évoque immanquablement le modèle perfectionné pleine grandeur. Mais pour une excursion rapide à la plage ou sur un balcon, le petit gril peut donner de superbes résultats.

Les grils au charbon de bois

Les grils au charbon de bois sont offerts dans toutes les tailles et formes. Vérifiez la stabilité, la qualité de la fabrication et la présence d'évents ajustables et d'un couvercle pour régler l'intensité de la chaleur. Si vous prévoyez fumer des aliments, une boîte à fumée sur le côté est une bonne idée. Le barbecue à cuve profonde de taille régulière répond aux besoins de la plupart des utilisateurs. Dans tous les cas, un gril solide de bonne qualité aura la meilleure durée de vie et sera le plus économique à long terme.

Les grils au gaz

Les grils au gaz varient des modèles simples aux versions complètement équipés avec boîtes à fumée, brûleurs latéraux et brûleurs infrarouge à rôtisserie. Il vous faut deux brûleurs pour une cuisson à chaleur indirecte mais le modèle à trois brûleurs vous donne un meilleur contrôle sur la chaleur et est le meilleur choix pour bien des gens. Ne vous en faites pas pour les BTU : 35 000 sont suffisants pour la plupart. Vérifiez comment la chaleur est diffusée. Les plaques métalliques angulées qui recouvrent chaque brûleur produisent une chaleur plus égale avec moins de flambées ; les grilles en acier inoxydable avec ou sans revêtement émaillé ou antiadhésif sont de bons conducteurs de chaleur. La technologie infrarouge est plus courante dans les grils au gaz de nos jours ; la cuisson en est légèrement modifiée.

Les poêles à fond cannelé

En cas de mauvais temps ou si les règlements de votre immeuble interdisent l'utilisation d'un gril, une poêle de fonte à fond cannelé placé sur deux éléments de votre cuisinière vous dépannera. La fonte est l'idéal pour saisir la viande.

Grils portables

Il n'y a pas de raison de ne pas profiter des grillades sur la route. De nombreuses épiceries vendent des grils d'aluminium jetables. Les petits grils réutilisables sont également très pratiques; certains sont même alimentés au gaz par de petites bouteilles de propane. Achetez un modèle dont le support et les pattes se plient facilement pour le transport

L'ENTRETIEN DE VOTRE GRIL

Voici quelques consignes simples pour vous assurer que votre gril cuira efficacement pour les années à venir:

• Lisez le mode d'emploi du gril avant de l'utiliser la première fois. Prenez soin de noter les consignes de nettoyage.

• Brossez la grille du gril avec de l'huile avant de griller. Ceci empêche les aliments de coller et rendra la tâche de nettoyage plus aisée.

• Une fois les grillades terminées, utilisez une brosse métallique pour enlever les résidus de cuisson collés sur la grille encore chaude.

• Ne laissez pas les cendres s'accumuler dans un gril au charbon de bois. Attendez qu'elles soient bien froides avant de les retirer et de les jeter dans un contenant à l'épreuve de la chaleur.

• Lorsque votre gril au gaz est complètement refroidi, nettoyez les brûleurs en grattant l'accumulation de gras à l'aide d'un grattoir métallique.

• Protégez votre gril à l'aide d'une housse à l'épreuve de l'eau ou rentrez-le dans la maison.

Accessoires pour le gril

Il existe divers gadgets pour les grillades, certains essentiels comme le thermomètre à lecture instantanée; d'autres pratiques et utiles tels qu'un panier de cuisson ou un support pour poulet grillé sur cannette de bière. Voici l'outillage qu'il vous faut dans leur plus simple expression :

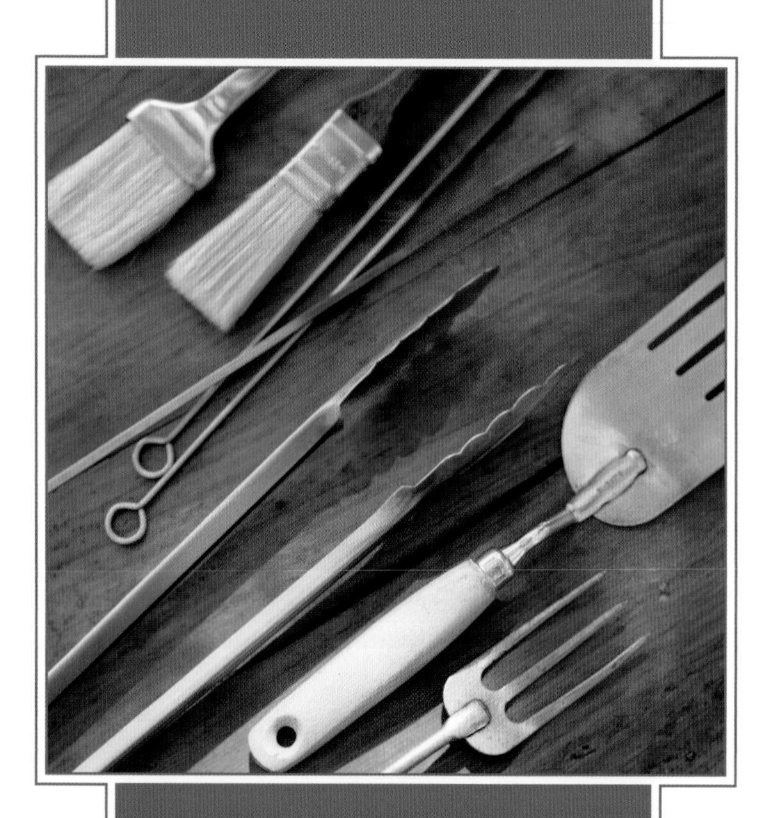

Thermomètres

Un bon thermomètre à lecture instantanée est indispensable. Insérez le thermomètre dans la chair vers la fin du temps de cuisson en évitant de toucher aux os pour ne pas fausser la lecture. Ne laissez pas le thermomètre dans la viande pendant la cuisson.

Brochettes

En métal ou en bois... le débat fait rage. Si vous grillez beaucoup de brochettes, procurez-vous un ensemble de brochettes métalliques plates d'une longueur d'au moins 8 po (20 cm). Le métal conduit la chaleur et assure une cuisson convenable. Si vous utilisez des brochettes en bois, faites-les tremper d'abord dans de l'eau ou si vous préférez, dans de la bière, du vin ou du jus.

Paniers, grilles et plaques

Les paniers à griller sont idéals pour les aliments délicats qui sont difficiles à tourner ou qui pourraient tomber entre les raies de la grille tels que les asperges, les filets de poisson et les oignons. Une grille est un treillis métallique soutenu par un cadre; une plaque est une feuille de métal perforée de petits trous qui empêche les aliments de flamber. Dans les deux cas, on les place au-dessus d'une chaleur directe, en les badigeonnant d'huile et en les chauffant une ou deux minutes pour empêcher les aliments de coller.

Ustensiles à long manche thermorésistant

Une brosse métallique conçue spécialement pour nettoyer les grils est une nécessité. Les filaments devraient être à l'épreuve de la rouille. Utilisez la brosse quand le gril est chaud, avant et après la cuisson des aliments. Un grattoir en acier inoxydable est utile pour récurer entre les mailles de la grille. Une pince est le meilleur choix pour tourner la plupart des grillades. Les brosses en silicone facilitent grandement la tâche de badigeonner vos aliments de sauce et sont faciles à nettoyer. Procurez-vous une spatule possédant un manche mi-long car elle se contrôle mieux lorsqu'on doit tourner les aliments.

Boîtes à fumée

Une boîte à fumée est un contenant en métal lourd ajouré qui contient des copeaux de bois ou des herbes pour produire une fumée aromatique sur un gril au gaz. Faites tremper les copeaux 30 minutes et ajoutez-les à la boîte à fumée que vous placez directement au-dessus d'un brûleur. Préchauffez le gril et assurez-vous que la fumée se dégage lorsque vous commencez à griller. Réduisez ensuite l'intensité du brûleur sans le fermer complètement. La fumée d'une boîte à fumée dure environ 20 minutes. Vous pouvez également en confectionner une à l'aide d'une feuille de papier d'aluminium ultra-résistant au centre de laquelle vous déposerez des copeaux de bois ou des herbes. Fermez le paquet et percer plusieurs trous dans le papier pour laisser s'échapper la fumée.

Cheminées d'allumage

Les cheminées d'allumage pour gril au charbon de bois sont une méthode sûre, relativement écologique et efficace d'allumer un feu de charbon de bois. Ce sont de hauts cylindres en métal avec des évents au fond, une grille à l'intérieur et une poignée sur le côté. Elles sont disponibles en tailles variables alors choisissez le modèle qui convient à la quantité de charbon de bois utilisée par votre gril. Une cheminée de 7,5 po (19 cm) de diamètre et de 12 po (30 cm) de hauteur convient à la plupart des barbecues à foyer profond de taille régulière à grande. En cas de doute, achetez le modèle plus grand. Pour la méthode d'utilisation, voir la page 15.

Tournebroche

Un tournebroche est une grande broche alimentée par un moteur électrique. Il tourne lentement à vitesse constante au-dessus de la braise. Lorsque vous achetez un tournebroche, vérifiez que le moteur est puissant et fiable avec un contre-poids robuste.

Accessoires de protection

Gardez des gants de cuisine ou de cuir et une poignée en coton matelassé épais à portée de main pour protéger vos mains de la chaleur intense.

Alimentation du feu

Familiarisez-vous avec les différents types de combustible – charbon de bois, copeaux de bois, propane – disponible sur le marché. Assurez-vous de lire le mode d'emploi pour savoir quels types conviennent davantage à votre gril.

Le charbon de bois

La plupart des utilisateurs de grils au charbon de bois brûlent des briquettes. Celles-ci brûlent longuement et dégagent une chaleur égale, choix primé pour une cuisson à chaleur indirecte. Évitez les marques qui contiennent des nitrates, du pétrole, du sable ou de l'argile et bannissez le charbon de bois à auto-allumage. Le charbon de bois dur dégage une fumée subtile pendant la cuisson. Il brûle plus intensément que les briquettes. Le bois dur est idéal pour une cuisson rapide à chaleur directe et indirecte. C'est le charbon de bois que la plupart des champions du gril et maîtres-grillardins de partout préfèrent. Portez attention lors des premières utilisations du charbon de bois dur: il cuit différemment. Sa température est plus difficile à contrôler que celle d'un feu au gaz. Quel que soit le type de combustible, vous devrez faire des essais, le temps de rôder vos techniques. Entreposez les briquettes et le charbon de bois dans un endroit frais et sec.

Copeaux et morceaux de bois

Le bois ajoute davantage de goût aux aliments que tout autre combustible. Des sacs de copeaux ainsi que de gros morceaux de hickory, pommier et mesquite sont largement disponibles de nos jours. Le bois est également plus rébarbatif et un combustible difficile lorsque utilisé seul. La teneur en humidité est le facteur essentiel qui affecte la manière dont les copeaux et les morceaux de bois vont brûler. S'ils sont archi-secs, les copeaux et morceaux de bois vont s'envoler en fumée avant que les aliments aient eu le temps de s'imprégner de la fumée. En revanche, en les trempant dans l'eau ou un liquide aromatique avant de les ajouter au feu, on s'assure qu'ils vont brûler lentement et également, produisant un flot continu de fumée qui imprégnera les aliments de part en part.

Le propane

Le propane est efficace, écologique et rentable. Des essais de dégustation ont démontré à maintes reprises que le charbon de bois et le gaz arrivent au même résultat pour ce qui est de la saveur. Vérifiez toujours les fuites de gaz lorsque vous changez de bouteille en suivant les instructions du fabricant. Bien que la bouteille ait une longue durée de vie, ayez toujours une bouteille de rechange à portée de main en cas de panne sèche. Entreposez les bouteilles à l'extérieur mais pas au soleil et loin des sources de chaleur. Lorsque vous échangez votre bouteille contre une autre, évitez celles qui ont l'air d'être rouillée. Les deux inconvénients du propane sont l'absence de goût de fumée et une température maximale inférieure à celle du charbon de bois en blocs. La solution: utilisez des copeaux de bois qui ajoutent un goût de fumée et grillez. les aliments plus longuement sur un gril au gaz pour arriver au même degré de cuisson et de texture rôtie. Au lieu du propane, on peut opter pour la solution plus permanente du gaz naturel. Sachez toutefois que la plupart des grils au gaz doivent être adaptés pour le gaz naturel et qu'il vaut mieux s'adresser à un professionnel. Le fait d'utiliser le gaz naturel signifie que votre gril ne sera plus portable.

AROMATISATION DU FEU

Ajoutez d'autres nuances aux saveurs naturelles qui se dégagent du gril quand les protéines se caramélisent et les jus de cuisson sont happés par le feu avec des copeaux ou morceaux de bois, sarments de vigne et herbes séchées. Les essences intenses avec un goût de bois de **hickory, chêne, mesquite** et **pacanier** conviennent au porc, au poulet, à la dinde et au bœuf. Toutefois, il vaut mieux tempérer le **hickory** avec une autre essence pour l'équilibrer. Essayez les bois d'**arbres fruitiers**, modérément intenses avec un arrière-goût de douceur, comme le **pommier**, le **cerisier** et le **prunier** avec le porc, le saumon, le gibier à plumes et le poulet ou tout ce que l'on sert avec une sauce sucrée. L'**aulne** est léger et idéal pour le poisson. Les essences tendres comme le pin sont à éviter car elles produisent un mauvais goût et la résine du pin et autres résineux pourrait endommager le gril. Les tiges de **romarin** et l'agneau s'harmonise à merveille; toute autre combinaison de fines herbes ajoutera un goût subtil à un aliment.

Méthodes de cuisson

Les grils d'aujourd'hui sont beaucoup plus polyvalents que les modèles des années 50 et les hibachis des années 60. Il importe de comprendre la distinction entre la cuisson à chaleur directe et indirecte. À l'aide de ces deux méthodes, tout est possible.

La cuisson à chaleur directe

La cuisson à chaleur directe signifie que vous mettez la nourriture directement au-dessus des charbons ardents ou d'un brûleur préchauffé dans un gril au gaz. Cette méthode saisit la nourriture et produit une savoureuse croûte caramélisée. Cette cuisson se fait à couvert ou à découvert mais le fait d'utiliser le couvercle réduit les flambées et produit une chaleur plus égale (à l'exception du thon qui cuit trop rapidement à couvert). Les aliments dans ce cas sont généralement assaisonnés de fines herbes et d'épices; toutefois, si vous prévoyez badigeonner les aliments avec une sauce sucrée, faites-le en fin de cuisson pour ne pas qu'elle brûle. Parmi les aliments qui conviennent à ce type de cuisson, on trouve les biftecks, côtelettes, hamburgers, filets de poisson, poulet désossé, saucisses et la plupart des légumes; bref, tout aliment qui prend moins de 25 minutes de cuisson.

La cuisson à chaleur indirecte

Cette méthode exige que l'on mette la nourriture loin de la source de chaleur. Sur un gril au charbon de bois, il faut tasser les charbons sur un côté ou de part et d'autre et laisser un espace au centre. Sur un gril au gaz, préchauffez le gril en allumant tous les brûleurs, puis fermez un ou plusieurs de ceux-ci. Cette cuisson est semblable au rôtissage au four; la chaleur circule autour de la nourriture et la cuisson est lente. Utilisez-la pour les aliments qui prennent plus de 25 minutes à cuire. C'est aussi la méthode de choix pour fumer. Avec cette méthode, le couvercle est toujours fermé, ne le laissez pas ouvert trop longtemps car vous perdez de la chaleur chaque fois qu'il est soulevé. Dans le cas d'une cuisson longue sur charbons de bois, vérifiez les charbons au bout d'une heure pour vous assurer que la chaleur est adéquate.

La cuisson hybride

La cuisson hybride utilise la chaleur directe et indirecte de concert pour cuire des aliments qui ont besoin d'être saisis mais qui prennent plus de 25 minutes à cuire. C'est une méthode peu utilisée qui mérite d'être ajoutée à vos techniques de maître-grillardin.

CONSTRUCTION D'UN FOYER EXTÉRIEUR

Il est probable que quelqu'un dans votre voisinage possède déjà un foyer extérieur. Rien de tel pour créer une ambiance conviviale et prolonger la saison estivale que de s'asseoir près d'un feu de camp.

Choisissez un endroit (assurez-vous d'éviter les câbles et les tuyaux souterrains) et dégagez un espace d'environ 10 pi (3 m) tout autour, si possible. Sur une surface ininflammable telle que des briques, du gravier ou de la terre, ou dans un âtre métallique, tapissez le fond et le pourtour de grosses pierres pour retenir la chaleur. Disposez-y des bûches ou du charbon de bois en une forme pyramidale avec du bois d'allumage, des brindilles et des herbes séchées. À l'aide d'une longue allumette ou d'un briquet, allumez le bois ou le charbon et laissez-le brûler 1 – 2 heures jusqu'à ce que la braise soit recouverte de cendres. Continuez d'ajouter du bois et du charbon de bois pour entretenir une chaleur constante pendant toute la durée de la cuisson.

Allumage : gril au charbon de bois

L'allumage et l'entretien d'un feu sur tout type de gril devrait être une expérience sans stress. L'utilisation d'une cheminée d'allumage est la méthode de choix pour le charbon de bois. Une fois que le charbon est allumé, vous devrez le disposer pour la cuisson. Voici comment:

Allumage du gril au charbon de bois

La cheminée d'allumage (voir la page 9) est de loin supérieure à toute autre méthode d'allumage du charbon de bois. Remplissez le fond ajouré d'une ou deux feuilles de papier journal sans tasser. Trop de papier étouffera le feu. Ensuite, versez les briquettes ou le charbon de bois dur dans le haut de la cheminée pour le remplir complètement. Allumez le papier à l'aide d'une allumette ou d'un briquet. Le feu va se propager vers le haut et allumera le charbon de bois. Laissez-le brûler de 15 à 20 minutes jusqu'à ce qu'il soit de couleur gris cendre. Soulevez la cheminée d'allumage par la poignée (utilisez un gant de cuisine) et versez soigneusement les charbons sur la grille au fond du gril. Cette méthode est efficace, plus écologique et évite l'arrière-goût de pétrole associé aux accélérants pour grils.

Chaleur directe et indirecte

Pour obtenir une chaleur indirecte dans un gril au charbon de bois, utilisez une longue pince pour tasser les charbons ardents de part et d'autre du gril. Mettez une lèchefrite au centre où les charbons ont été retirés. Déposez les aliments directement au-dessus de la lèchefrite et fermez le couvercle. Pour une cuisson à chaleur directe, utilisez une longue pince pour répartir les charbons ardents uniformément sur le fond directement au-dessous de la nourriture à cuire.

COMMENT TESTER LA CUISSON

Le nombre de variables qui interviennent au moment des grillades peut parfois compliquer la tâche de savoir si l'aliment est cuit. Pour toute recette, utilisez les temps de cuisson comme guide au lieu de vous y tenir rigoureusement. La météo, la température de l'aliment avant la cuisson et sa taille et épaisseur peuvent donner des résultats fort différents de la recette. La température interne est l'indicateur de cuisson le plus précis; fiez-vous donc sur un thermomètre à lecture instantanée en premier lieu pour parfaire votre apprentissage. De plus, gardez à l'esprit qu'un aliment continue de cuire après avoir été retiré du gril.

Les pros utilisent le toucher comme guide. Voici une méthode efficace: appuyez sur votre joue pendant que votre bouche est légèrement entrouverte. C'est la sensation obtenue pour une cuisson saignante. Appuyez sur le bout du nez pour une cuisson à point et sur le front pour une cuisson bien cuit. Si vous utilisez ces trucs avec un thermomètre, vous deviendrez un pro en peu de temps.

Allumage : gril au gaz

Allumer un gril au gaz peut sembler simple en comparaison d'un gril au charbon de bois et pourtant cette tâche a ses exigences propres. Lisez le mode d'emploi et familiarisez-vous avec les composantes du gril. Le mode d'emploi vous explique également comment détecter des fuites de gaz.

Allumage du gril au gaz

Ouvrez le couvercle puis tournez la valve de la bouteille de propane au maximum. Dans le cas du gaz naturel, ouvrez la valve. Réglez tous les brûleurs à l'intensité maximale, puis appuyez sur le bouton d'allumage ou utilisez une longue allumette ou un briquet pour allumer les brûleurs. Fermez le couvercle et attendre une quinzaine de minutes pour que la température atteigne au moins 350°F (180°C) ; il faut une chaleur plus vive pour les biftecks, hamburgers et côtelettes. Ouvrez ensuite le couvercle et réglez l'intensité des brûleurs selon l'aliment à cuire.

Chaleur directe et indirecte

Pour obtenir un feu à chaleur indirecte dans un gril au gaz, préchauffez-le en allumant tous les brûleurs, puis fermez ceux directement sous les aliments à cuire et mettez une lèchefrite sous la grille. Pour un feu à chaleur directe, allumez tous les brûleurs.

Pour une lecture précise de la température, utilisez un thermomètre. Pour faire le test manuel, tenez votre main environ 4 po (10 cm) au-dessus du feu. Tenez-la dans cette position aussi longtemps que possible et comptez; référez-vous au tableau ci-dessous pour obtenir la température approximative.

TABLEAU DE TEMPÉRATURE D'UN GRIL AU CHARBON DE BOIS

Intensité	Apparence du charbon	Test manuel
Très élevée	incandescent	moins de 1 sec
Élevée	incandescent	1 ou 2 sec
Moyenne-élevée	incandescent; cendres fines	2 ou 3 sec
Moyenne	rougeoyant; cendres légères	3 ou 4 sec
Moyenne-faible	légèrement rougeoyant; cendres modérées	3 ou 4 sec
Faible	à peine rougeoyant; cendres importantes	5 sec ou plus

TABLEAU DE TEMPÉRATURE D'UN GRIL AU GAZ

Intensité	**Température**	**Test manuel**
Très élevée	450°F (230°C) et plus	moins de 1 sec
Élevée	400-450°F (200-230°C)	1 ou 2 sec
Moyenne-élevée	375-400°F (190-200°C)	2 ou 3 sec
Moyenne	350-375°F (180-190°C)	3 ou 4 sec
Moyenne-faible	300-350°F (150-180°C)	3 ou 4 sec
Faible	200-300°F (95-150°C)	5 sec ou plus

Conseils

Conseils pour des grillades réussies

La cuisson sur le feu est divertissante mais peut devenir un sport dangereux. Comme pour toute autre habileté acquise, l'apprentissage du gril commence par la base. Comme pour jouer du piano ou compétitionner au football, il y a des lignes directrices simples à suivre. Voici 20 règles de base à garder à l'esprit lorsque vous chauffez votre gril.

1. Soyez patient et préchauffez votre gril; assurez-vous que le charbon est gris cendre avant de commencer à griller.

2. Gardez votre grille de cuisson propre.

3. Huilez la grille de cuisson à chaque utilisation et badigeonnez ou vaporisez d'huile les aliments à cuire, surtout le poisson; plus rien ne collera. De plus, l'huile accélère le transfert de chaleur.

4. Maîtrisez les notions de cuisson à chaleur directe et indirecte et à quel moment il faut les utiliser, seule ou en combinaison.

5. Ne laissez jamais le gril sans surveillance.

6. Visez la caramélisation et non la carbonisation.

7. Ne badigeonnez pas les aliments avec une sauce sucrée sauf en toute fin de cuisson. Cela inclut les sauces à base de ketchup.

8. Ne tournez les aliments qu'une seule fois quand cela est possible.

9. Utilisez un thermomètre pour déterminer la température du gril et celle interne de l'aliment (du moins jusqu'à ce que vous ayez maîtrisé la méthode « du toucher »; voir la page 15).

10. Vérifiez pour des fuites de gaz chaque fois que vous changez la bouteille de propane, très simplement en vaporisant de l'eau savonneuse. S'il y a une fuite, des bulles apparaîtront.

11. Ne portez pas de vêtements lâches lorsque vous utilisez le gril.

12. À l'extérieur, gardez le gril loin des saillies.

13. N'allumez jamais un gril au gaz avec le couvercle fermé.

14. Surveillez les enfants lorsque le gril est allumé.

15. N'essayez pas de déplacer un gril allumé.

16. Si un brûleur au gaz ne s'allume pas, fermez toutes les valves, y compris celle de la bouteille, ouvrez le couvercle et attendez au moins 5 minutes avant de réessayer. Si le problème persiste, consultez le mode d'emploi pour apprendre à dégager un blocage.

17. Suivez le mode d'emploi pour l'entretien régulier du gril. Cela vous facilitera la tâche et prolongera la vie de votre appareil.

18. Si vous sentez une odeur de gaz autour d'un gril au gaz, il y a un problème. Fermez tout. Si l'odeur persiste, appelez votre service des incendies.

19. Fermez toujours les évents et replacez le couvercle sur un gril au charbon de bois pour éteindre le feu. Assurez-vous que les cendres sont complètement froides avant de les jeter.

20. D'abord et avant tout, amusez-vous et récoltez les compliments... et les louanges.

LES FLAMBÉES

Une flambée peut survenir à tout moment lorsque du gras tombe sur la source de chaleur et produit des flammes pendant la cuisson. La première chose à faire est de ne pas paniquer. Deuxièmement, déplacez les aliments vers la zone libre ou la partie plus froide du gril et, au besoin, fermez le couvercle et les évents. Ne laissez jamais le gril sans surveillance demeure la meilleure prévention car les flambées ont surtout tendance à se produire dans cette situation. Une fois que vous avez dégagé la zone affectée, laissez le gras brûler complètement. Certains cuisiniers maîtrisent les flammes à l'aide d'un vaporisateur d'eau. Ce truc ne devrait être utilisé qu'en dernier recours, toutefois, parce que la vapeur qui s'élève des flammes que l'on a vaporisées de trop près peut causer des brûlures; de plus l'eau froide peut craquer le fini sur un gril chaud. Après avoir maîtrisé une flambée, assurez-vous de bien nettoyer toute la graisse et la nourriture brûlée au fond du gril une fois qu'il est refroidi.

Le choix des ingrédients

Vos expériences de grillade seront plus satisfaisantes et goûteuses si vos connaissez bien les ingrédients. Achetez les meilleurs ingrédients que vous pouvez trouver et utilisez la méthode appropriée au charbon de bois ou au gaz pour les préparer.

Les viandes

Lors du choix d'une coupe de bœuf, achetez une viande de couleur rouge vif avec de légères marbrures, une texture fine et une couche extérieure de gras presque blanc. La couche de gras devrait être minime. Achetez du porc bien paré sans taches sombres ou meurtrissures; évitez les pièces trop humides ou voilées de gris. Optez pour des viandes sans hormones et achetez vos produits dans une boucherie ou épicerie réputée.

Les volailles

La volaille devrait avoir une couleur uniforme, de blanc à jaune pâle. Achetez des volatils dodus avec des poitrines et des cuisses bien définies. Le gras visible doit être de blanc à jaune pâle et la peau doit être intacte, propre et d'apparence sèche. Achetez des volailles élevées en liberté, sans ajout d'hormones et nourries au grain biologique.

Les poissons

Achetez toujours votre poisson frais d'un poissonnier réputé et préparez-le le jour même. Il doit être d'apparence humide et luisante et sentir bon. Achetez des crevettes non décortiquées avec des carapaces libres de taches jaunes ou noires. Les huîtres et les moules doivent être bien scellées et gorgées d'eau.

Les fruits et légumes

Le plus important conseil à donner pour l'achat des fruits et légumes est d'acheter localement et de suivre les saisons. Les produits les plus frais donneront les résultats les plus savoureux.

Aromates

Les recettes de ce livre utilisent des assaisonnements variés: des fines herbes fraîches à la bière. Pour ce qui est du sel, le sel de mer ajoute beaucoup de saveur et les gros grains de sel se marient bien à la viande. Le poivre doit être fraîchement moulu ou concassé. L'ail granulé ne doit pas être remplacé par l'ail en poudre. Le sirop d'agave, un édulcorant liquide, peut cependant être remplacé par le miel.

Guide des accords mets et bières

Les grillades et la bière

Vous trouverez souvent une bonne bière froide près du gril. Toute bière convient bien aux grillades. L'intérêt grandissant pour l'accord des mets et des vins a été suivi par celui des bières de différents styles et caractéristiques. Les meilleurs accords avec les aliments rôtis ou grillés ont en commun de faire ressortir la qualité « rôtie ». La couenne de porc grillée, la peau de poulet croustillante et les oignons grillés ont tous une note sucrée et ils s'accordent à merveille avec les bières qui ont une agréable douceur de malt.

BŒUF

Essayez un **porter** avec le bœuf. C'est une bière brune et riche mais sans le goût de malt d'un stout. Le nom anglais vient probablement des cochers (*porter*) qui transportaient les marchandises à Londres au 19e siècle. Ceux-ci se désaltéraient dans des brasseries appelées « porterhouse », le nom anglais de la coupe aloyau. Une bière charnue comme la **India Pale Ale (IPA)** est également excellente avec les hamburgers ou les biftecks grillés.

PORC

La **bière de garde belge** a des notes d'épices, de poivre et d'herbes et se marie bien au porc qui n'est pas recouvert de sauce barbecue. Un bon stout corsé ou une bière à froment de type **hefeweizen** se tient bien au côté d'un filet ou d'une côte de porc grillé.

AGNEAU

La **schwarzbier** allemande est la plus sombre des lagers et permet d'équilibrer le gras de l'agneau. La **Märzen**, une lager pâle mais robuste, est une autre possibilité.

VOLAILLE

La **Dunkel**, une lager légère plus sombre et maltée, est excellente avec le poulet, le gibier à plumes et la dinde, comme l'est d'ailleurs le sombre et riche **porter**.

POISSON

Servez la **IPA** avec du saumon ou du thon ou tout poisson consistant et charnu. La **bière blonde** transperce les huiles du poisson.

CRUSTACÉS

Le **dry stout irlandais** léger en bouche avec un arôme de pain grillé est un merveilleux complément au goût saumuré des crustacés. Les stouts irlandais avec les huîtres sont un classique.

LÉGUMES

La **dubbel** belge est riche sans amertume et se marie bien aux légumes. Une **ale ambrée** légère est également indiquée pour les légumes grillés.

MARINADES ÉPICÉES

Une **pilsner** ou **bière thaïe** bien froide a suffisamment d'amertume, de mordant et de pétillant pour soutenir les aliments épicés.

SAUCES RELEVÉES

La **oud bruin** des Flandres ou une **bière rouge aigre** atténue le côté relevé de la sauce et la rend plus puissante. Une **lager** mexicaine servi glacée ne fait qu'améliorer le goût de la sauce barbecue.

TARK
SYRAH
& Unti Vineyards
2004
CREEK VALLEY
BOTTLED BY STARK WINE HEALDSBURG, CA
15.5% BY VOLUME

Les grillades et le vin

La fumée et les épices de bien des grillades peuvent compliquer la tâche hautement agréable par ailleurs de trouver un vin approprié. Heureusement, le vaste monde des vins offre une multitude de saveurs qui conviennent à tous les palais et à toutes les grillades, que vous cherchiez un vin de table agréable pour un barbecue simple ou un rouge plus soutenu pour servir avec une bonne coupe de viande.

Guide des accords mets et vins

BŒUF

Sirotez un généreux vin de type **Bordeaux** ou **cabernet sauvignon** avec une finale tannique pour accompagner un bifteck ou hamburger.

PORC

Puisque les fruits se marient si bien avec le porc, un **Zinfandel** fruité serait parfait.

AGNEAU

Un **Shiraz** du Nouveau Monde avec une finale poivrée percera la richesse de l'agneau.

VOLAILLE

Un **chardonnay** peu boisé se marie bien au poulet grillé. Un **viognier** avec des accents d'abricot, de pêche et de poire est tout indiqué pour les cailles et le canard. Avec la dinde, la plupart des gens choisiront un **riesling** mais un **Zinfandel** léger crée une agréable surprise.

POISSON

Pour les fruits de mer, essayez un **champagne** de la région de la Côte des Blancs en France, léger sans puissance excessive ou le classique **sauvignon blanc** avec sa fraîcheur aux agrumes et aux herbes, surtout les produits de la Californie ou la Loire. N'oubliez pas le **pinot noir**, surtout pour le saumon et le thon; ces vins ont des notes de framboise, de fraise et de prune avec un léger parfum de fumée.

CRUSTACÉS

Le **Sancerre**, avec son acidité fruitée, se marie agréablement avec le crabe. Le **muscadet de Sèvre-et-Maine**, avec ses effluves d'agrumes, accompagne les huîtres à merveille. Pour tout crustacé, essayez un bon **chablis** au goût de pierre à fusil avec une pointe de vanille.

LÉGUMES

Le **Grüner Veltliner** est frais et légèrement épicé, ce qui en fait un bon choix pour rehausser les sucres naturels des légumes que le gril fait ressortir. Un **sauvignon blanc** avec ses notes d'herbes a depuis longtemps été associé aux asperges et même aux tomates.

MARINADES ÉPICÉES

Le **riesling** avec ses arômes de pêche et de fleurs et le **gewurztraminer** et ses arômes de rose et d'épices, ont tous les deux une composante sucrée pour contrebalancer les épices. Ils peuvent atténuer une marinade épicée pour laisser transparaître les saveurs sous-jacentes.

SAUCES RELEVÉES

Un **Bandol rosé**, très équilibré, est toujours indiqué pour accompagner une sauce barbecue ou tout autre sauce. Un **Barolo** d'au moins 5 ans, avec un goût du terroir, des pointes de truffes et une note de chocolat, qui est assez robuste pour se mesurer à une sauce épicée tout en la complétant.

Aventures au pays des grillades

Le pique-nique estival

Un soleil rayonnant et la chaleur de l'été sont une invitation irrésistible à profiter du plein air. Un pique-nique baigné par une abondance de chaleur et de lumière est une façon idéale de partager un repas avec les amis et la famille. De nos jours, le gril n'est plus relégué aux limites de votre cour arrière ; la grande disponibilité de grils portables permet de les emporter n'importe où sans difficulté. Que le lieu choisi soit un pré, un parc ou un vignoble, tout ce qu'il vous faut est un panier à pique-nique bien rempli et un gril et vous êtes prêt à faire la fête et profiter de tout ce que l'été a à offrir.

Qu'est-ce qu'on met dans le panier ?

LIMONADE PÉTILLANTE À LA MENTHE
page 218

BROCHETTES DE NECTARINES ET D'ABRICOTS
page 64

HAMBURGERS DE DINDE
page 154

SALADE D'ORZO
page 200

ASSORTIMENT DE FROMAGES
page 30

LE PLATEAU DE FROMAGES
Il y a de nombreux fromages qui sont tout indiqués pour un pique-nique estival. Ceux avec une croûte plus dure se transportent bien dans votre glacière. Emballez-les dans du papier ciré ou une pellicule de plastique et disposez-les sur un plateau avec du pain, des craquelins, des fruits frais et des noix.

Le pique-nique estival idéal

Préparez les ingrédients Dressez une liste et faites vos emplettes avant le pique-nique. Utilisez le menu proposé sur la page précédente ou faites-en un vous-même. Assurez-vous d'acheter des viandes fraîches et des fruits et légumes en saison.

Choisissez le bon endroit Trouvez un endroit ombragé à moins qu'un peu de soleil ne vous dérange pas. Si vous choisissez un endroit dans l'herbe, inspectez-le pour éviter l'herbe à la puce et le sumac à feuilles de chêne avant de poser votre couverture. Installez le gril sur une surface de béton ou de roches ; évitez de le poser dans l'herbe où il pourrait mettre le feu.

Allumez le feu Assurez-vous d'avoir bien lu le mode d'emploi du gril sur la méthode d'allumage appropriée. Il vous faut du charbon de bois, des copeaux de bois et du feu pour allumer et vous êtes fin prêt. Lisez les pages 15-16 pour de plus amples renseignements.

Cuisez les aliments Avant de mettre les aliments à griller, assurez-vous que les grilles sont propres pour ne pas ajouter de saveurs indésirables. Chauffez le gril avant de commencer à cuire.

Alimentez le feu Ne laissez jamais le gril sans surveillance. Prévoyez une alimentation constante en combustible et ajoutez du charbon de bois lorsque vous constatez que le feu diminue. Si votre gril est muni d'évents, maintenez une température constante en les réglant au besoin.

Laissez le gril refroidir Avant de remballer pour le retour à la maison, laissez mourir le feu et assurez-vous que le gril est bien refroidi avant de partir.

Une journée au bord du lac

Les chaleurs langoureuses de l'été nous entraînent à chercher la fraîcheur et à profiter de plein air. Quoi de mieux qu'une journée passée au bord d'un lac? Un lac vous permet de pêcher et de vous baigner mais à la fin de la journée, c'est également le cadre idéal pour faire griller la prise du jour. Apportez votre gril portatif (ou utilisez le gril sur place si vous êtes dans un parc), le nécessaire pour griller et une glacière remplie de breuvages froids et vous aurez tout ce qu'il vous faut pour dîner au frais devant la scène pittoresque de la nature.

Qu'est-ce qu'on mange ?

SALADE DE ROQUETTE AUX PÊCHES ET AU CHÈVRE
page 63

HORS-D'ŒUVRE GRILLÉS
page 93

POISSON ENTIER GRILLÉ
page 178

BROCHETTES D'ANANAS AU RHUM ET À LA MÉLASSE
page 66

LE POISSON SUR LE GRIL

NETTOYEZ LA PRISE

Si vous avez péché votre poisson, la première chose à faire est de le nettoyer. Utilisez le côté non affilé d'un couteau pour racler les écailles. Insérez le côté affilé dans le ventre et faites une incision peu profonde de la tête à la queue. Retirer les entrailles et les arêtes au besoin. Rincez le poisson à l'intérieur et à l'extérieur.

AJOUTEZ DES SAVEURS

En tenant le poisson par le dos, remplissez-le de fines herbes fraîches tels que romarin, thym, origan, verveine et feuilles de laurier auxquelles on ajoute des tranches d'agrumes (citron, orange ou lime). En cuisant sur le gril, la chair s'imprégnera des arômes que vous avez ajoutés.

ALLUMEZ LE FEU

Allumez les charbons à l'aide dune cheminée d'allumage, puis répartissez-les sur une profondeur de deux à trois couches pour former un lit uniforme. Positionnez la grille par-dessus les charbons. Si vous utilisez un gril au gaz, allumez-le 10 – 15 minutes avant de commencer la cuisson.

FAITES GRILLER LE POISSON

Faites cuire un poisson frais (truite ou bar rayé) sur un feu à chaleur directe ou indirecte. Nettoyez et huilez la grille pour éviter que le poisson n'y adhère. Déposez-y le poisson en diagonale et cuire 4–5 minutes par côté en tournant une fois jusqu'à ce que la chair soit opaque de part en part.

Grillades à la plage

Une journée à la plage justifie amplement la tenue d'un barbecue festif. Rassemblez vos amis, apportez des trésors frais de la mer tels que du homard, des huîtres ou des crevettes dans vos bagages et mettez le cap sur l'océan. Si les feux à ciel ouvert sont interdits à la plage, apportez un gril portatif et vos ustensiles, une glacière remplie de glace et d'accompagnements, de condiments et de breuvages. La prochaine étape est d'allumer les charbons de bois et de vous détendre au soleil au son des vagues. N'oubliez pas vos chaises de plage !

Qu'est-ce qu'on mange ?

MARGARITA GLACÉ AUX FRUITS DE LA PASSION
page 222

SALADE DE HARICOTS NOIRS
page 212

HUÎTRES GRILLÉES SAUCE BARBECUE
page 193

HOMARD ENTIER
page 189

LES HOMARDS VIVANTS
Lorsque vous achetez un homard, assurez-vous qu'il est frais. Choisissez un spécimen bien en vie avec des yeux vifs et luisants et une queue qui s'enroule sous son corps. Emballez-le dans une épaisse couche de papier journal ou un sac de papier, non dans une pellicule de plastique, de manière à ne pas l'étouffer. Si vous pêchez un homard, il importe de le faire cuire dans les 12 à 18 heures.

Grillades à la plage

Préparez les provisions L'impressionnant choix de glacières disponibles permet de faciliter le transport de la nourriture. Assurez-vous que les aliments à conserver au frais, surtout les fruits de mer, sont emballés dans suffisamment de glace.

Choisissez l'endroit Installez-vous là où la cuisson en plein air est permise. Assurez-vous d'être assez loin de l'eau pour éviter qu'une vague coquine ou la marée ne vienne inonder les installations. Dès que vous avez trouvé l'endroit, installez le gril, les couvertures et les chaises de plage.

Surveillez la marée Restez suffisamment loin de la rive pour éviter une marée montante. Si vous êtes trop près, la situation pourrait devenir dangereuse. Vérifiez les informations locales ou l'annuaire des marées sur Internet pour savoir les heures des marées haute et basse.

Allumez le feu Apportez de longues allumettes ou un briquet pour allumer le gril au charbon de bois. Si possible, placez le gril à l'abri du vent. Si vous faites un feu à ciel ouvert, dégagez l'endroit, creuser le sol et empilez le bois et le bois d'allumage à l'intérieur.

Vérifiez la température Faites comme les surfeurs : vérifiez la température avant de vous rendre à la mer. Inutile de tout préparer pour finir à la pluie.

Barbecue dans la cour des grands

Tout grillardin sérieux anticipe avec plaisir son barbecue annuel dans la cour arrière. C'est une tradition bien ancrée qui s'impose quand le temps est à l'avenant et les jours sont longs. C'est aussi le temps d'inviter la famille et les amis et, plus important encore, le temps de montrer vos habiletés sur le gril. Choisissez un jour ensoleillé ou une soirée douce, allumez les charbons de bois et tirez profit de l'abondance de produits frais qui arrivent avec la belle saison.

Qu'est-ce qu'on mange ?

PANACHÉ À LA LIME ET À LA GOYAVE
page 217

MOJITO AUX ORANGES SANGUINES
page 217

POMMES DE TERRE FINGERLING GRILLÉES
page 204

MAÏS AU BEURRE DE SORGHO
page 84

STEAK GRILLÉ À LA PERFECTION
page 107

PASTÈQUE SAUCE ZABAGLIONE À LA MENTHE
page 69

RAFRAÎCHISSEMENTS

Installez des stations de rafraîchissements un peu partout dans la cour. Une de celles-ci réservé aux petits et sera sans alcool. Dans un autre, vous préparez des cocktails d'avance ou vous mettez une glacière remplie de bière, d'eau et de glace. Cela permettra aux invités de se servir eux-mêmes et de s'hydrater.

Le barbecue parfait

Refroidissez les breuvages Rien n'égale une bière bien givrée ou un thé glacé bien refroidi ; conservez les breuvages dans la glace dans un endroit ombragé.

Choisissez les meilleurs ingrédients Choisissez des produits de saison tels que du maïs sucré ou des pêches fraîches et achetez localement pour plus de saveur. Lorsque vous achetez de la viande, choisissez un produit sans hormones et biologique autant que possible. Recherchez un boucher de bonne réputation.

Conservez la fraîcheur des aliments Si vous laissez la nourriture à l'extérieur pendant un long moment, couvrez-la avec une avec une cloche anti-moustiques pour prévenir les invasions de petites créatures et tenez-la à l'abri du soleil pour ne pas la perdre. Si les insectes sont un problème, dressez la nourriture sur une table à l'intérieur et laissez les invités se servir eux-mêmes.

Mettez-vous à l'aise Assurez-vous d'avoir suffisamment de chaises éparpillées dans toute la cour pour que chacun puisse s'asseoir.

Dressez une table informelle Un barbecue à la maison n'est pas l'occasion de sortir l'argenterie mais ayez suffisamment de couverts sous la main pour servir tout le monde. Disposez des cuillères et fourchettes de service près des plats.

Cochon rôti à la broche

Rôtir un cochon entier de 50 lb (25 kg) sur la broche est une aventure mémorable et savoureuse. C'est un projet d'envergure à entreprendre en équipe. Un gros feu à ciel ouvert (ou un gros gril dans un baril surdimensionné) n'est pas à prendre à la légère alors recrutez des aides-cuisiniers parmi vos amis. Demandez-leur de surveiller et d'alimenter le feu, de transporter et de préparer le cochon et d'aider à le mettre sur le feu et de l'y retirer. Une fois cuit, vous résisterez difficilement à l'envie de croquer un morceau à même la broche et vos amis non plus.

Qu'est-ce qu'on mange ?

LE THÉ GLACÉ PARFAIT
page 219

SALADE AU SUCCOTASH DE SONOMA
page 79

SALADE DE POMMES DE TERRE NOUVELLES
page 89

COCHON RÔTI SUR LA BROCHE
page 122

BROCHETTES D'ANANAS AU RHUM ET À LA MÉLASSE
page 66

COMMENT RÔTIR UN COCHON

PRÉPAREZ LE FEU

Utilisez une pelle pour dégager un espace pour faire le foyer extérieur. La surface doit être ininflammable : un baril en acier, des briques, du gravier ou de la terre. Tapissez le fond et les côtés de grosses pierres pour retenir la chaleur. Voir la page 13 pour de plus amples informations.

ALLUMEZ LE FEU

Remplissez la fosse de bûches ou de bois d'allumage. Préparez un gros feu de joie en y déposant des bûches ou du bois d'allumage et du charbon de bois. Allumez et laissez brûler de 1 à 2 heures jusqu'à ce que la braise soit couverte de cendres. Ensuite, mettez le cochon sur le tournebroche au-dessus du feu.

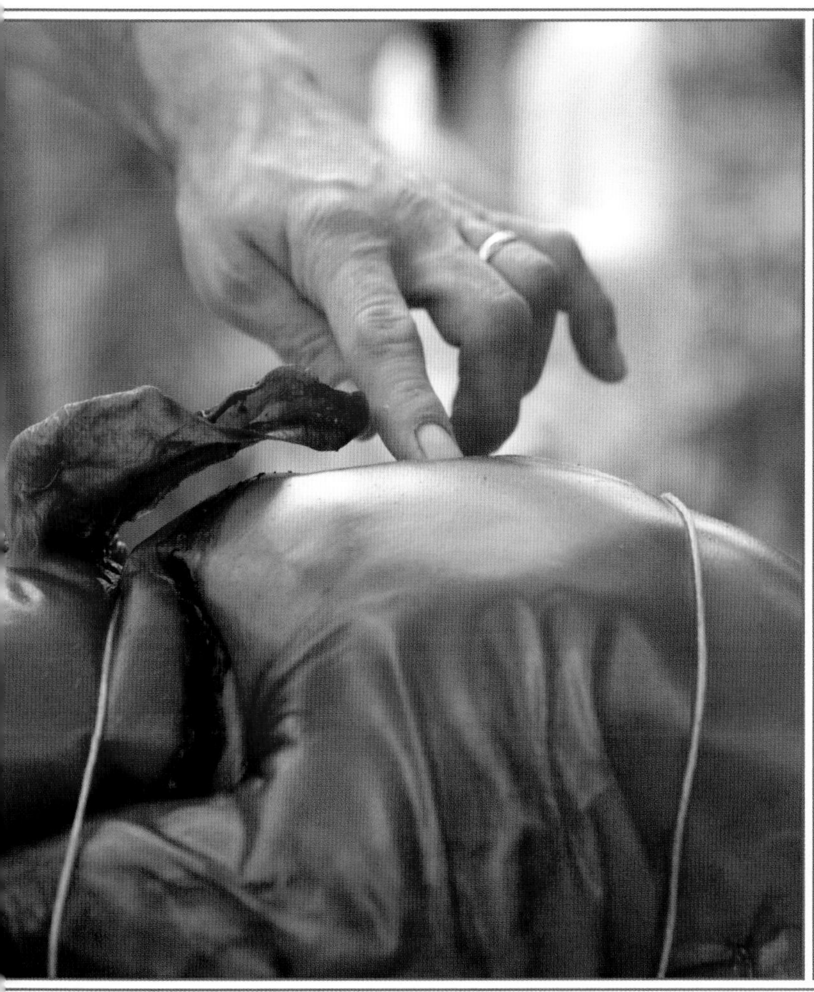

VÉRIFIEZ LA CUISSON

Le cochon est cuit lorsque la peau est très dorée et croustillante. Utilisez un thermomètre à viande pour atteindre une température interne de 155-160°F (70-90°C) dans l'épaule, dans la croupe et dans le ventre.

DÉCOUPEZ LE PORC

Une fois le cochon retiré de la broche et déposé sur une grande surface de travail, il est prêt à être découpé. À l'aide d'un grand couteau, commencez par les joues et l'épaule et continuez le mouvement jusqu'aux côtes, au filet et à la croupe. Coupez contre le grain.

Saumon fumé grand cru

Le fumage est une technique qui imprègne les viandes et le poisson d'un goût de fumée. Le truc pour arriver à une saveur intense est d'utiliser une cuisson lente. Il vous faut un gril avec couvercle, une boîte à fumée ou un paquet emballé dans du papier aluminium (dans le cas d'un gril au gaz) et des copeaux de bois pour ajouter de la saveur. Vous pouvez également ajouter des nuances à l'aide d'autres aromates tels que des agrumes ou des fines herbes comme le romarin et le thym. Prévoyez plusieurs heures de fumage sur le gril avant la consommation. Il faut du temps mais la récompense en vaut la peine.

Qu'est-ce qu'on mange ?

ARTICHAUTS, AÏOLI AU CITRON MEYER
page 72

SALADE DE QUINOA
page 209

SAUMON FUMÉ MAISON SALÉ À SEC
page 172

COMMENT FUMER UN POISSON SUR LE GRIL

AJOUTEZ DE LA SAVEUR

Ajoutez une saumure ou des sels à frotter sur le poisson pour l'imprégner de saveurs (voir la page 172 pour plus d'informations). Frottez les sels dans la peau, enveloppez le poisson de façon hermétique et réfrigérez jusqu'à 3 heures. Retirez-le du réfrigérateur environ 30 minutes avant de le passer sur le gril.

RINCEZ LA SAUMURE

Si vous avez ajouté une saumure ou des sels à frotter humides, rincez le poisson en le passant sous l'eau courante froide. On peut omettre cette étape dans le cas de sels à frotter secs ou d'une marinade.

DÉPOSEZ-LE SUR LE GRIL

Placez le poisson sur la grille et positionnez celle-ci de manière à ce que le poisson se trouve au-dessus de la partie tiède du gril. Fermez le couvercle du gril et suivez la recette pour fumer pendant plusieurs heures.

SERVEZ-LE

Une fois que le poisson est cuit de part en part et imprégné de fumée, servez-le immédiatement. La plupart des aliments fumés sont si savoureux qu'ils nécessitent peu d'accompagnements. Dans ce cas, le saumon est servi simplement avec des pains plats et de la crème fraîche.

Fête d'avant-match

L'art de fêter avant la tenue d'une compétition sportive ou un concert rock est devenu un rituel nord-américain ; ce qui auparavant était une affaire clandestine est devenue un événement répandu dont tout le monde peut profiter. Il y a trois incontournables à respecter : un véhicule avec hayon arrière, un stationnement et un gril. Avec ça, vous êtes fin prêt. Les aliments que vous allez mettre sur le gril et les breuvages froids de votre choix ont également leur importance. Vous pouvez en faire un événement tout simple ou extravagant à souhait, à vous de choisir !

Qu'est-ce qu'on mange ?

BLACK & TAN
page 225

SALADE DE COURGES D'ÉTÉ
page 82

HOT-DOGS À LA MODE DE CHICAGO
page 116

HARICOTS À LA PANCETTA
page 201

BISCUITS À LA GUIMAUVE ET AU CHOCOLAT
page 54

LA COLLATION IDÉALE

Pour une collation pendant la partie, mettez des grains de maïs à éclater dans une pochette lâche de papier d'aluminium. Mettez sur le gril sur un feu à chaleur directe et laisser les grains éclater. Attention à la vapeur brûlante lorsque vous ouvrez le paquet. Garnissez de beurre fondu, assaisonnez de sel aromatisé et servez.

Fête d'avant-match

Remplissez la glacière Vous allez transporter des denrées périssables alors assurez-vous que votre viande et tout aliment périssable pour l'accompagner sont conservés dans une glacière remplie de glace.

Transportez votre gril Si vous êtes un habitué des fêtes d'avant-partie et que vous voulez nourrir une foule, apportez votre gril à cuvette profonde. Sinon, un gril portatif plus petit fera aussi l'affaire.

Choisissez l'endroit La plupart des gens se rassemblent dans une aire de stationnement d'un complexe sportif. Ne vous en tenez pas à ça, cependant. Vous pouvez la faire n'importe où mais assurez-vous de déposer le gril sur une surface ininflammable.

Soyez prudent avec le feu Vous serez vraisemblablement parmi une foule de gens lors de votre événement festif alors ne laissez jamais votre gril sans surveillance. Assurez-vous également de bien éteindre le feu et de laisser refroidir le gril complètement avant de le remballer pour le mettre dans la voiture.

Préparez des biscuits à la guimauve et au chocolat Servez des aliments faciles à préparer sur le gril comme des biscuits à la guimauve et au chocolat. Faites rôtir une guimauve sur une brochette et mettez-la en sandwich entre deux biscuits graham avec un morceau de chocolat et vous avez un délicieux régal!

Dinde sur le gril

Qui dit qu'il faut rôtir une dinde au four? Faites fi de cette consigne vieillotte et servez-vous de votre gril. Le résultat sera délicieusement juteux, avec une peau croustillante et une saveur enfumée. Et vous libérerez le four pour préparer des plats d'accompagnement ou une tarte de plus. Assurez-vous toutefois que votre gril peut accommoder une dinde (le gril régulier à cuvette devrait suffire). Pour intensifier la saveur, saumurer la dinde pendant au moins 12 heures avant de la mettre sur le gril; utilisez des copeaux tels que cerisier, hickory, pacane ou érable.

Qu'est-ce qu'on mange ?

CIDRE CHAUD ALCOOLISÉ

FENOUIL SAUCE ROMESCO
page 76

SALADE DE RIZ SAUVAGE
page 208

SALADE D'AUBERGINES, POIVRONS ET OIGNONS VERTS
page 88

DINDE GRILLÉE
page 157

POMMES GRILLÉES ET CRÈME GLACÉE
page 266

POUR SAUMURER LA DINDE
Rincez l'intérieur et l'extérieur de la dinde à l'eau courante froide, puis déposez-la dans la saumure. Ajoutez de l'eau froide pour couvrir et réfrigérez jusqu'à 12 heures ou jusqu'au lendemain. Retirez la dinde de la saumure 1 heure avant de la faire cuire et épongez-la avec un essuie-tout. Jetez la saumure.

Repas d'Action de grâce

Planifiez le menu La première étape à respecter pour un repas d'Action de grâce réussi est d'avoir une idée de ce que vous voulez servir. Trouvez les recettes et dressez votre liste d'épicerie avant de commencer.

Préparez la dinde Laissez-vous suffisamment de temps pour saumurer la dinde au moins 12 heures et prévoyez 2 1/2 à 4 heures pour la cuisson et un temps de repos de 20 à 30 minutes avant de servir.

Assemblez le festin Une fois que la dinde est dans la saumure, préparez les plats d'accompagnement, les desserts et les breuvages. Si le temps le permet, cuisinez quelques plats une journée à l'avance, puis enfournez-les le jour de l'Action de grâce pour vous simplifier la tâche.

Mettez la table Sortez votre argenterie et vos belles assiettes pour cette occasion spéciale. Si vous prévoyez manger à l'extérieur, vous pouvez utiliser des couverts moins recherchés. Assurez-vous d'en avoir pour tout le monde.

Mangez en plein air Si le temps le permet, prenez votre repas d'Action de grâce à l'extérieur. Un festin aux coloris d'automne dans l'air frisquet de la saison rendra cette fête mémorable.

Fruits et légumes

RENDEMENT : 4 PORTIONS

SALADE DE ROQUETTE AUX PÊCHES ET AU CHÈVRE

pêches mûres et fermes : 2

cassonade pâle : 2 c. à soupe, tassée

roquette : 2 bottes (environ 2 tasses/2 oz/60 g), les bouts durs retranchés

huile de pépin de raisin : 2 c. à soupe

sel et poivre du moulin

chèvre frais : ¼ lb (4 oz/125 g), émietté

Cette salade met en vedette les pêches mûres en saison. Utilisez une variété locale de pêches blanches ou jaunes ou les pêches « plates » plus petites. Le vinaigre balsamique peut être réduit à une consistance sirupeuse et servi comme condiment pour les fruits grillés et les salades.

Dans une casserole à feu moyen-vif, porter à ébullition la 1/2 tasse (4 oz liq./ 125 ml) de vinaigre. Réduire le feu pour laisser mijoter et cuire jusqu'à ce que le sirop soit assez épais pour napper le dos d'une cuillère. Laisser refroidir.

Couper les pêches en deux sur la longueur; retirer et jeter les noyaux. Couper chaque moitié en 6 quartiers. Mettre ceux-ci dans un plat peu profond, saupoudrer de cassonade et arroser de 2 c. à soupe de vinaigre.

Préparer un gril au **CHARBON DE BOIS** ou au **GAZ** pour une cuisson à chaleur **MOYENNE-ÉLEVÉE DIRECTE** (pages 15-16). Brosser et huiler la grille ou un panier à griller.

Disposer les pêches sur la grille ou dans le panier, directement au-dessus de la chaleur moyenne-élevée. Faire griller environ 1 minute, en tournant une fois, jusqu'à l'apparition de marques de grillade.

Dans un grand saladier, combiner la roquette et l'huile et mélanger pour enduire les feuilles. Assaisonner de sel et de poivre au goût.

Disposer les pêches grillées sur la roquette. Arroser de vinaigre balsamique réduit, saupoudrer de fromage de chèvre et terminer par quelques tours du moulin à poivre. Servir immédiatement.

BROCHETTES DE NECTARINES ET ABRICOTS

RENDEMENT : 6 PORTIONS

nectarines mûres et fermes : 3

abricots mûrs et fermes : 4

huile de pépin de raisin pour huiler

brochettes de bambou : 12

L'alternance des nectarines et des abricots sur la brochette crée un intérêt visuel supplémentaire dans cette combinaison marocaine classique. Choisissez des fruits de taille et de forme semblables. Fixez les moitiés de fruit avec deux brochettes pour les empêcher de tourner.

Pour enlever la peau des fruits (selon la préférence), porter à ébullition une marmite remplie d'eau aux trois quarts. À l'aide d'un couteau à éplucher, couper un petit X dans la peau sur le dessous de chaque nectarine et abricot. Faire bouillir les fruits environ 1 minute jusqu'à ce que la peau se décolle. À l'aide d'une cuillère à égoutter, transférer les fruits dans un bain d'eau glacée. Lorsqu'on peut manipuler les fruits, les peler et jeter les peaux.

Faire tremper les brochettes de bambou dans de l'eau 30 minutes. Entre-temps, couper les fruits en deux sur la longueur ; retirer et jeter les noyaux. Disposer les moitiés en ligne sur la surface de travail, en alternance. Embrocher les moitiés sur la largeur à environ ½ po (12 mm) de chaque extrémité.

Préparer un gril au **CHARBON DE BOIS** ou au **GAZ** pour une cuisson à chaleur **MOYENNE-ÉLEVÉE DIRECTE** (page 15-16). Brosser et huiler la grille.

Badigeonner les fruits de tous côtés avec de l'huile.

Griller les brochettes directement au-dessus de la chaleur moyenne environ 2 – 3 minutes par côté, en tournant une fois, jusqu'à l'apparition de marques de grillade et jusqu'à ce que les fruits soient légèrement ramollis.

Transférer les brochettes sur un plateau et servir chaudes.

COMMENT EMPÊCHER LES BROCHETTES DE BAMBOU DE BRÛLER

Avant d'embrocher les aliments, faites tremper les brochettesdans de l'eau au moins 30 minutes. Déposez les brochettes sur le gril, tournez les extrémités vers l'extérieur où la chaleur est moins intense; ou sur une feuille d'aluminium pour les empêcher de brûler ou s'embraser.

BROCHETTES D'ANANAS AU RHUM ET À LA MÉLASSE

RENDEMENT : 6 – 8 PORTIONS

Les ananas sont un régal tropical à tout moment de l'année et les faire griller est une façon amusante de les préparer. Embrochés avec leurs piques intacts, ils sont attrayants pour accompagner les saucisses grillées, le filet de porc et les poissons. Achetez des ananas fermes de taille moyenne avec des écorces de couleur vive tels que la variété Maui Gold.

mélasse : 2 c. à soupe

sirop d'agave léger ou miel : 2 c. à soupe

rhum foncé : 2 c. à soupe

ananas : 1

huile de pépin de raisin pour badigeonner

sucre : 3 c. à soupe

brochettes de bambou : 12

Faire tremper les brochettes de bambou dans de l'eau 30 minutes.

Dans une petite casserole à feu moyen, mélanger la mélasse, le sirop d'agave et le rhum. Porter à ébullition, puis laisser mijoter 3 – 4 minutes pour réduire légèrement.

À l'aide d'un couteau dentelé, couper l'ananas en deux sur la longueur. Couper chaque moitié sur la longueur en 6 quartiers ; retirer le cœur de chaque quartier et jeter. Mettre les quartiers, l'écorce vers le bas, sur une planche à couper. En travaillant avec un quartier à la fois, passer soigneusement le couteau entre l'écorce et la chair pour séparer celle-ci. Couper la tranche de chair sur la largeur en 6 morceaux. Embrocher chaque rangée de morceaux.

Préparer un gril au **CHARBON DE BOIS** ou au **GAZ** pour une cuisson à chaleur **ÉLEVÉE DIRECTE** (pages 15-16). Brosser et huiler la grille.

Badigeonner les fruits d'huile de tous côtés et saupoudrer de sucre.

Griller les brochettes directement au-dessus de la chaleur intense environ 4 minutes par côté, en tournant une fois, jusqu'à l'apparition de marques de grillade.

Transférer les brochettes sur un grand plateau de service et arroser de rhum et de sirop de mélasse. Servir immédiatement.

RENDEMENT : 6 PORTIONS

SALADE DE CRESSON AUX POIRES

Vinaigrette au champagne (page 260)

gousse de vanille : 1

poires mûres et fermes telles que Bartlett ou Anjou : 3

vin blanc : 3 tasses (24 oz liq./750 ml)

sucre granulé : 1 tasse (8 oz/250 g)

miel à la lavande ou autre variété : 2 c. à soupe

cresson : 3 bottes (environ 3-4 tasses/3-4 oz/90-120 g), les bouts durs retranchés

sel et poivre concassé

huile de pépin de raisin pour badigeonner

noix coupées en deux : ½ tasse (2 oz/60 g), grillées

À moins qu'elles ne soient parfaitement mûres, les poires doivent être pochées avant de les griller pour les ramollir. Les poires pochées du commerce dans un sirop léger sont une solution possible. Le cresson est une salade épicée qui est disponible au printemps et à l'été.

Couper la gousse de vanille en deux sur la longueur, gratter les graines et les mettre dans un petit bol; réserver la gousse.

Peler les poires, couper en deux sur la longueur et évider. Réserver.

Dans une casserole à feu moyen-vif, mélanger le vin, le sucre, le miel, les graines de vanille et la gousse et cuire environ 10 minutes jusqu'à ce que le sucre et le miel soient dissous. Ajouter les moitiés de poire et assez d'eau pour couvrir complètement. Découper un cercle dans du papier parchemin avec un évent au centre et déposer sur le liquide de pochage pour couvrir l'intérieur de la casserole. Porter à ébullition et écumer la surface. Réduire le feu pour laisser mijoter et cuire les poires environ 5 minutes jusqu'à ce que la pointe d'un couteau inséré dans la chair rencontre peu de résistance. Laisser les poires refroidir dans le sirop.

Dans un grand saladier, combiner le cresson et la moitié de la vinaigrette au champagne. Assaisonner de sel et de poivre moulu au goût. Répartir la salade dans les assiettes de service.

Préparer un gril au **CHARBON DE BOIS** ou au **GAZ** pour une cuisson à chaleur **MOYENNE-ÉLEVÉE DIRECTE** (pages 15-16). Brosser et huiler la grille.

Retirer les poires et éponger avec un essuie-tout. Assaisonner généreusement l'intérieur des poires avec du poivre concassé en appuyant pour le faire pénétrer. Badigeonner le côté poivré avec de l'huile.

Faire griller les moitiés de poire environ 2 minutes, le côté poivré vers le bas, directement au-dessus de la chaleur moyenne-élevée jusqu'à l'apparition de marques de grillade.

Transférer les poires sur une planche à couper et laisser tiédir. Trancher finement les poires grillées sur la longueur. Disposer les tranches sur le cresson, arroser de la vinaigrette restante et garnir de noix grillées. Servir.

RENDEMENT : 6 PORTIONS

PASTÈQUE, SAUCE ZABAGLIONE À LA MENTHE

ZABAGLIONE À LA MENTHE

jaunes d'œuf : 4

sucre granulé : ½ tasse (4 oz/125 g)

sel

marsala : ¼ tasse (2 oz liq./125 ml)

menthe fraîche : 12 feuilles, roulées sur la longueur et tranchées sur la largeur pour faire des rubans minces

pastèque : coupée en cubes de 1 po (2,5 cm) sans l'écorce

sucre granulé : 2 c. à soupe

zeste et jus d'une lime

Un choix populaire l'été, la pastèque prend un goût tout à fait inattendu lorsqu'elle est grillée. La zabaglione à la menthe transforme cet humble fruit servi dans tous les barbecues de banlieue en une sensation huppée du sud de l'Italie. En saison, remplacez la pastèque par un melon miel ou un cantaloup.

Pour préparer la zabaglione à la menthe, dans un bol qui résiste à la chaleur ou la partie supérieure d'un bain-marie, fouetter les jaunes d'œuf, ½ tasse de sucre et une pincée de sel environ 2 minutes jusqu'à ce le mélange pâlisse et épaississe. Mettre le bol au-dessus de l'eau frémissante sans toucher celle-ci. Continuer de fouetter environ 10 minutes jusqu'à ce que le mélange double de volume et atteigne 110°F (43°C) sur un thermomètre à lecture instantanée. Ajouter le vin et continuer de fouetter vigoureusement environ 10 minutes jusqu'à ce que le mélange triple de volume et qu'aucun liquide ne demeure au fond du bol. Incorporer la menthe. Transférer la zabaglione dans un bol de service et laisser reposer à température de la pièce ou couvrir et mettre au réfrigérateur pour la refroidir.

Préparer un gril au **CHARBON DE BOIS** ou au **GAZ** pour une cuisson à chaleur **MOYENNE DIRECTE** (pages 15-16). Brosser et huiler la grille.

Griller les cubes de pastèque au-dessus de la chaleur la plus intense environ 2 minutes jusqu'à l'apparition de marques de grillade. Tourner les cubes et griller environ 2 minutes de plus, de nouveau jusqu'à l'apparition de marques. Répéter pour griller de tous côtés.

Mettre les cubes de pastèque dans un bol. Ajouter les 2 c. à soupe de sucre et le zeste et jus de lime et mélanger délicatement.

Répartir la pastèque dans les assiettes de service et napper de zabaglione.

FIGUES AU PROSCIUTTO

RENDEMENT : 6 – 8 PORTIONS

L'été, lorsque les figues Mission sont en saison, c'est le moment de mettre en vedette leur délicate saveur raffinée. Elles accompagnent le poulet ou le porc à merveille. Les figues farcies grillées font d'excellents hors-d'œuvre.

Retrancher la queue des figues. Les couper en deux ou en quartiers sur la longueur, selon la taille. Disposer les tranches de prosciutto à plat sur une surface de travail. À l'aide d'un couteau aiguisé, couper chaque tranche en 4 sur la largeur. Déposer une c. à thé de fromage de chèvre sur chaque figue et l'enrouler fermement dans une tranche de prosciutto. Fixer l'assemblage avec des cure-dent au besoin.

Préparer un gril au **CHARBON DE BOIS** ou au **GAZ** pour une cuisson à chaleur **MOYENNE-ÉLEVÉE DIRECTE** (pages 15-16). Brosser et huiler la grille.

Badigeonner légèrement les figues bardées avec de l'huile et saler et poivrer.

Faire griller les figues directement au-dessus de la chaleur moyenne-élevée environ 4 – 6 minutes, en tournant souvent, jusqu'à ce qu'elles soient bien grillées de tous côtés. Transférer les figues dans une zone à chaleur indirecte et arroser de vinaigre balsamique. Griller environ 3 minutes de plus, le couvercle fermé, jusqu'à ce que les figues soient cuites et le fromage fondu.

Transférer les figues sur un plateau de service, arroser de miel et servir chaudes.

COMMENT PRÉPARER UN SIROP BALSAMIQUE

Dans une petite casserole à feu moyen-vif, combinez 1 tasse (8 oz liq./250 ml) de vinaigre balsamique et 2 c. à soupe de sirop d'agave léger et portez à ébullition. Réduisez le feu à doux et laissez mijoter environ 2 minutes jusqu'à ce que le sirop soit suffisamment épais pour napper le dos d'une cuillère. Laissez refroidir. Utilisez le sirop balsamique comme condiment avec les fruits et légumes grillés et dans les salades.

figues variété Mission : 4

prosciutto de Parme : 4 – 6 tranches

fromage de chèvre frais ¼ tasse (1¼ oz/30 g), tempéré

huile d'olive pour badigeonner

sel et poivre moulu

vinaigre balsamique ou sirop balsamique (voir la note) : 2 c. à soupe

miel de lavande 2 c. à soupe

RENDEMENT : 4 – 6 PORTIONS

SALADE DE RADICCHIO

vinaigre balsamique : 2 c. à soupe

sirop d'agave léger ou miel : 1 c. à soupe

radicchio 2–3 pommes

jus d'un citron

huile d'olive : 2 c. à soupe

sel et poivre moulu

huile d'olive extra-vierge : 1-2 c. à soupe

fromage grana padano ou pecorino romano : 1 petit morceau d'environ 4 oz/125 g

persil italien frais 2 c. à soupe, émincé

Le radicchio, souvent utilisé pour ajouter de la couleur aux salades, peut être assez amer lorsque servi seul et cru. Les cuisiniers italiens aiment bien le griller pour atténuer quelque peu son amertume. Achetez le radicchio Treviso plus long et moins amer au marché, en saison.

Dans une casserole à feu moyen-vif, combiner le vinaigre et le sirop d'agave et porter à ébullition. Réduire le feu à doux et laisser mijoter environ 2 minutes jusqu'à ce que le mélange épaississe légèrement. Laisser refroidir.

Peler les feuilles extérieures des pommes de radicchio et jeter. Couper les pommes en deux sur la longueur, puis en tranches de 1 ½ po (4 cm). Réduire une partie du cœur de chaque tranche en laissant les feuilles attachées à la base.

Dans un grand saladier, combiner le radicchio, le jus de citron, l'huile d'olive et la moitié du mélange au sirop balsamique. Mélanger pour bien enduire la salade et assaisonner de sel et de poivre. Laisser reposer 10 minutes.

Préparer un gril au **CHARBON DE BOIS** ou au **GAZ** pour une cuisson à chaleur **MOYENNE-ÉLEVÉE DIRECTE** (pages 15-16). Brosser et huiler la grille.

Faire griller le radicchio directement au-dessus de la chaleur moyenne-élevée environ 3 – 5 minutes, en tournant souvent, jusqu'à ce qu'il soit bien coloré de tous côtés.

Transférer le radicchio grillé dans un plat peu profond et arroser du sirop balsamique restant et de l'huile d'olive extra-vierge. À l'aide d'un couteau à éplucher, couper des copeaux de fromage par-dessus. Saupoudrer de persil et servir immédiatement à chaud du gril ou à température de la pièce.

ARTICHAUTS, AÏOLI AU CITRON MEYER

RENDEMENT : 6 PORTIONS

- **Aïoli au citron Meyer(page 256)**
- **citrons :** 2
- **ail :** 3 gousses
- **sel et poivre moulu**
- **grains de poivre noir :** 4
- **petits artichauts :** 15-20
- **huile d'olive extra-vierge :** ¼ tasse (2 oz liq./60 ml)
- **origan séché :** 1 c. à soupe

Les artichauts miniatures frais sont disponibles au printemps et au début de l'été. Pelez, parez et étuvez-les avant de les griller pour les ramollir. Si vous n'en trouvez pas, utilisez les artichauts conservés dans de l'huile, mais assurez-vous de bien les égoutter.

Couper 1 citron en quartiers, extraire le jus de l'autre et réserver. Remplir une grande casserole d'eau aux trois quarts et ajoutez-y les quartiers de citron, l'ail, 1 c. à soupe de sel et les grains de poivre. Préparer un bol d'eau glacée.

Retirer les feuilles extérieures durcies des artichauts pour laisser paraître les feuilles intérieures vert tendre. À l'aide d'un couteau dentelé, retrancher ½ po (12 cm) des pointes dures. À l'aide d'un couteau à éplucher, retrancher les queues à ½ po (12 cm) de l'extrémité, puis éplucher le bout qui reste. Couper les artichauts en deux sur la longueur, puis les ajouter à l'eau citronnée.

Découper un cercle dans du papier parchemin avec un évent au centre pour couvrir l'intérieur de la casserole. Porter à ébullition à feu vif. Réduire le feu à moyen-doux et laisser mijoter 8 – 10 minutes jusqu'à tendreté. À l'aide d'une cuillère à égoutter, transférer les artichauts dans le bain d'eau glacée. Égoutter et laisser sécher sur un essuie-tout.

Dans un grand saladier, mélanger l'huile d'olive, le jus de citron et l'origan. Ajouter les artichauts et mélanger pour les enduire d'huile. Assaisonner de sel et de poivre. Laisser reposer 20-30 minutes.

Préparer un gril au **CHARBON DE BOIS** ou au **GAZ** pour une cuisson à chaleur **MOYENNE-ÉLEVÉE DIRECTE** (pages 15-16). Brosser et huiler la grille ou huiler un panier à griller.

Disposer les artichauts sur la grille ou dans le panier directement au-dessus de la chaleur moyenne-élevée. Griller 6 – 8 minutes, en tournant souvent, jusqu'à ce qu'ils soient légèrement dorés de tous côtés et mi-tendres mi-croustillants.

Disposer les artichauts sur un plateau de service et servir immédiatement avec l'aïoli au citron Meyer en accompagnement.

RENDEMENT : 6 – 8 PORTIONS

ASPERGES, AÏOLI SAFRANÉ

aïoli safrané (page 257)

asperges moyennes ou grosses : 1½ lb (750 g)

huile d'olive ¼ tasse (2 oz liq./60 ml)

ail : 2 gousses, effilées

zeste et jus d'un citron

sel et poivre moulu

œufs : 2 gros, cuits dur

Les asperges sont fantastiques sur le gril : les pointes rôtissent et deviennent croustillantes alors que les tiges demeurent tendres. L'aïoli safrané ajoute une touche méditerranéenne. Choisissez des tiges d'asperges moyennes ou grosses car les plus effilées sont difficiles à manipuler sur le gril et brûlent facilement.

Retrancher ou casser les bouts durs des asperges pour obtenir des tiges d'environ 5 po (13 cm). À l'aide d'un couteau à éplucher, peler la peau extérieure en commençant à 1 po (2,5 cm) de la pointe.

Dans un plat peu profond, mélanger l'huile, l'ail et le zeste et jus de citron. Ajouter les asperges, tourner pour les enduire d'huile et assaisonner de sel et de poivre. Laisser reposer 10 minutes.

Préparer un gril au **CHARBON DE BOIS** ou au **GAZ** pour une cuisson à chaleur **MOYENNE-ÉLEVÉE DIRECTE** (pages 15-16). Brosser et huiler la grille.

Griller les asperges directement au-dessus de la chaleur moyenne-élevée 5 – 6 minutes, en les tournant souvent, jusqu'à ce qu'elles soient mi-tendres mi-croustillantes et jusqu'à l'apparition de marques de grillade.

Écailler les œufs cuits dur et les couper en deux. Retirer les jaunes et trancher finement les jaunes et les blancs séparément.

Transférer les asperges sur un plateau et garnir de bandes alternantes de jaunes et de blancs d'œuf. Servir immédiatement ou à température de la pièce avec l'aïoli safrané en accompagnement.

FENOUIL, SAUCE ROMESCO

RENDEMENT : 6 PORTIONS

Le fenouil est une herbe au goût prononcé de réglisse qui s'adoucit en intensité lorsqu'il est grillé. La sauce romesco est un condiment espagnol polyvalent pour les grillades, dont les poissons et les légumes.

bulbes de fenouil : 2 gros

huile d'olive : ¼ tasse (2 oz liq./ 60 ml) et un peu plus pour badigeonner

sel et poivre moulu

SAUCE ROMESCO

piments añora, ancho ou pasilla : 2, séchés

poivron rouge : 1, coupé en quatre sur la longueur et épépiné

tomates italiennes : 2, coupées en quartiers et épépinées

oignon jaune : 1, en quartiers

ail : 4 gousses, pelées

amandes blanchies effilées : ¼ tasse (1 oz/30 g)

vinaigre de xérès : 2 c. à soupe

vin blanc : 2 c. à soupe

paprika fumé espagnol : 2 c. à thé

sel et poivre moulu

Couper les tiges du fenouil à ½ po (12 mm) du bulbe en réservant quelques feuilles plumeuses, le cas échéant, pour la garniture. Enlever toute partie endommagée. Trancher les bulbes en quartiers sur la longueur en retranchant la partie la plus épaisse du cœur mais en conservant les couches intactes et attachées. Dans un grand saladier, combiner le fenouil et l'huile et mélanger pour enduire les ingrédients. Assaisonner de sel et de poivre.

Faire tremper les piments dans de l'eau chaude environ 10 minutes pour les rendre malléables. Égoutter et éponger en réservant le liquide de trempage. Couper en deux et épépiner.

Préparer un gril au **CHARBON DE BOIS** ou au **GAZ** pour une cuisson à chaleur **MOYENNE-ÉLEVÉE DIRECTE** (pages 15-16). Brosser et huiler la grille ou huiler un panier à griller.

Badigeonner d'huile les piments, le poivron, les tomates, l'oignon et l'ail. Disposer tous les légumes sur la grille ou dans le panier, directement au-dessus de la chaleur moyenne-élevée : 10 – 15 minutes pour le fenouil, environ 5 minutes pour les piments, 8 – 10 minutes pour le poivron, 6 – 8 minutes pour les tomates, 8 – 10 minutes pour l'oignon et 2 – 3 minutes pour l'ail, en les tournant souvent, jusqu'à ce qu'ils soient légèrement grillés de tous côtés.

Transférer le fenouil grillé sur un plateau de service.

Pour préparer la sauce romesco, utiliser les doigts ou un couteau à éplucher pour enlever la peau du poivron et des tomates et jeter les peaux. Dans un mélangeur ou robot culinaire, combiner le poivron, les tomates, les piments, l'oignon, l'ail, les amandes, le vinaigre, le vin et le paprika. Réduire en une sauce coulante en ajoutant le liquide de trempage des piments au besoin. Rectifier l'assaisonnement. Verser dans un bol de service et servir avec le fenouil.

RENDEMENT : 6 – 8 PORTIONS

SALADE AU SUCCOTASH DE SONOMA

Vinaigrette au champagne (page 260)

maïs sucré : 6 épis

beurre non salé : 3-4 c. à soupe, fondu

sel et poivre moulu

gourganes fraîches dans leur écosse : 1½ lb (750 g)

pois chiches et haricots de Lima : 1 boîte (15 oz/470 g) chacun, égouttés et rincé

tomates mûries sur pied : 3, épépinées et coupées en dés

tomates patrimoniales en forme de larme : 10-12, coupées en deux sur la longueur

basilic, cerfeuil, persil italien et estragon frais : 2 c. à soupe chacun, haachés

oignon rouge : ½ tasse (2 oz/60 g), haché finement

laitue boston : 1 pomme, effeuillée

La combinaison du maïs sucré grillé et des gourganes fraîches produit un succotash bien au-delà de ce qui est offert dans les cafétérias scolaires. Si vous ne trouvez pas de gourganes fraîches, remplacez-les par des edamames écossées précuites (fèves de soya miniatures).

Éplucher le maïs ; jeter les pelures et la soie. Faire tremper 10 minutes dans de l'eau glacée pour couvrir. Égoutter et éponger avec un essuie-tout. Badigeonner de beurre fondu et assaisonner de sel et de poivre.

Porter à ébullition une marmite remplie d'eau aux trois quarts. Préparer un bol d'eau glacée. Écosser les gourganes et les faire bouillir 1 – 2 minutes jusqu'à ce que la peau se relâche. Égoutter. Plonger les gourganes dans l'eau glacée et égoutter de nouveau. Lorsqu'elles sont manipulables, les pincer à une extrémité pour retirer l'enveloppe rigide ; jeter les peaux.

Préparer un gril au **CHARBON DE BOIS** ou au **GAZ** pour une cuisson à chaleur **MOYENNE-ÉLEVÉE DIRECTE** (pages 15-16). Brosser et huiler la grille.

Déposer le maïs directement au-dessus d'une chaleur moyenne-élevée environ 20 minutes, en le tournant souvent et en le badigeonnant de beurre, jusqu'à ce qu'il soit bien grillé et caramélisé de tous côtés.

Transférer le maïs sur une planche à couper et laisser tiédir pour qu'il soit manipulable. En travaillant avec un épi à la fois, dresser l'épi, la queue vers le bas, et retrancher les grains de haut en bas à l'aide d'un couteau.

Dans un grand saladier, combiner les grains de maïs, les gourganes, les pois chiches, les haricots de Lima, les tomates mûries sur pied et les tomates patrimoniales, le basilic, le cerfeuil, le persil, l'estragon et l'oignon. Arroser de ¼ tasse (2 oz liq./60 ml) de vinaigrette au champagne et mélanger délicatement pour enduire les ingrédients. Rectifier l'assaisonnement.

Disposer les feuilles de laitue pour faire un lit sur le plateau de service ou dans des assiettes individuelles. Verser le succotash par-dessus et servir avec le reste de la vinaigrette en accompagnement.

SALADE DE COURGES D'ÉTÉ

RENDEMENT : 6 PORTIONS

Les courgettes, courges Yellow-Crookneck et pâtissons sont délicieux lorsque grillés et légèrement aromatisés d'une vinaigrette aux tomates séchées et au basilic. Lorsque vous achetez des courges, choisissez une variété de formes, de couleurs et de tailles.

Vinaigrette aux tomates séchées et au basilic (page 261)

courgettes : 5-6 petites à moyennes, environ 2 lb/500 g au total

courges Yellow-Crookneck : 5-6, environ 2 lb (500 lb) au total

pâtissons : 10, environ 2 lb (500 g) au total

tomates italiennes : 2, évidées, coupées en quartiers et épépinées

huile d'olive : ½ tasse (4 oz liq./125 ml)

marjolaine fraîche : 1 c. à soupe, émincée

gros sel : 2 c. à thé

poivre moulu : 1 c. à thé

pignons : ¼ tasse (1½ oz/45 g), grillés

persil italien : 2 c. à soupe, émincé

mesclun ou feuilles de laitue miniatures : 5 tasses (5 oz/150 g)

Couper les courgettes et les courges en deux sur la longueur, puis en tranches de ¾ po (2 cm). Dans un grand saladier, combiner les tranches de courge, les tomates, l'huile d'olive et la marjolaine et mélanger pour enduire les ingrédients. Assaisonner de sel et de poivre.

Préparer un gril au **CHARBON DE BOIS** ou au **GAZ** pour une cuisson à chaleur **MOYENNE-ÉLEVÉE DIRECTE** (pages 15-16). Brosser et huiler la grille ou huiler un panier à griller.

Disposer les courges et les tomates sur la grille ou dans le panier directement au-dessus de la chaleur moyenne-élevée. Griller environ 8 – 10 minutes, en les tournant au besoin, jusqu'à ce qu'elles soient légèrement dorées de tous côtés. Déplacer les légumes vers l'extérieur de la grille où la chaleur est moins intense, fermer le couvercle et griller 5 – 6 minutes de plus jusqu'à ce qu'elles soient cuites.

Transférer les légumes grillés dans le même saladier. Incorporer les pignons et le persil. Rectifier l'assaisonnement.

Dans un autre saladier moyen, assaisonner le mesclun de sel et de poivre et aromatiser de 2 c. à soupe de vinaigrette aux tomates séchées et au basilic. Répartir le mesclun parmi 6 assiettes de service et disposer les légumes grillés par-dessus. Servir avec la vinaigrette à la table.

RENDEMENT : 6 PORTIONS

CHAMPIGNONS PORTOBELLO, AÏOLI AUX HERBES

AÏOLI AUX HERBES

huile de pépin de raisin : ½ tasse (4 oz liq./125 ml)

huile d'olive : ¼ tasse (2 oz liq./60 ml)

jaunes d'œuf : 2 gros

moutarde de Dijon : 2 c. à soupe

ail : 3 gousses

romarin et sauge frais : 1 c. à soupe chacun, émincés

sel : ½ c. à thé

poivre blanc moulu : ¼ c. à thé

champignons portobello : 6, brossés pour les nettoyer

huile d'olive : ½ tasse (4 oz liq./125 ml)

vinaigre balsamique : 2 c. à soupe

ail : 2 gousses, émincées

romarin et sauge frais : 1 c. à soupe chacun, émincés

sel et poivre noir moulu

Faites griller les portobellos comme pour un bifteck, avec une marinade à l'huile et aux herbes pour humecter et aromatiser, saisis avec des marques de grillade à l'extérieur, tendres à l'intérieur. Dans cette recette, un aïoli relevé aux herbes rehausse la saveur de ces champignons grillés au goût robuste.

Pour préparer l'aïoli aux herbes, combiner l'huile de pépin de raisin et d'olive dans une tasse à mesurer de verre munie d'un bec verseur. Dans un mélangeur ou robot culinaire, combiner les jaunes d'œuf, la moutarde, l'ail, le romarin, la sauge, le sel et le poivre blanc. Pulser plusieurs fois jusqu'à ce que l'ail soit pulvérisé. Pendant que le moteur est en marche, ajouter l'huile en un long filet continu. Incorporer de l'eau froide, 1 c. à thé à la fois, pour délayer l'aïoli au besoin ; il devrait avoir la consistance d'une mayonnaise. Verser dans un bol de service, couvrir et réfrigérer au moins 10 minutes.

Retrancher les queues des champignons en laissant ½ po (2 cm). À l'aide d'une grosse cuillère, racler les lamelles sombres sous le chapeau des champignons. Dans un plat peu profond, mélanger l'huile, le vinaigre, l'ail, le romarin et la sauge. Ajouter les champignons et tourner pour enduire. Assaisonner de sel et de poivre noir. Laisser reposer 10 - 15 minutes.

Préparer un gril au **CHARBON DE BOIS** ou au **GAZ** pour une cuisson à chaleur **MOYENNE-ÉLEVÉE DIRECTE** (pages 15-16). Brosser et huiler la grille.

Griller les champignons directement au-dessus de la chaleur moyenne-élevée 3 – 4 minutes, en les tournant souvent, jusqu'à l'apparition de marques de grillade. Déplacer les champignons vers l'extérieur de la grille où la chaleur est moins intense et badigeonner avec la marinade restante. Fermer le couvercle et griller 3 – 4 minutes de plus jusqu'à ce que les champignons soient légèrement attendris et cuits.

Transférer les champignons grillés sur une planche à couper et trancher en diagonale. Servir immédiatement avec l'aïoli aux herbes en accompagnement.

MAÏS AU BEURRE DE SORGHO

RENDEMENT : 6 PORTIONS

Pour les adeptes des grillades en pays d'Amérique, le maïs en épi frais grillé arrosé de beurre aromatisé est le nec plus ultra des mets à dévorer à pleines dents en retroussant ses manches. On peut en faire un généreux plat d'accompagnement pour les poissons, les viandes ou les volailles grillés.

BEURRE DE SORGHO

beurre non salé : 1 tasse (8 oz/250 g), tempéré

jus d'un citron

sel

sirop de sorgho sucré ou mélasse : 2 c. à soupe

maïs frais sucré : 6 épis

beurre non salé : 3 c. à soupe, fondu

sel et poivre moulu

Pour préparer le beurre de sorgho, fouetter le beurre dans un bol jusqu'à ce qu'il soit lisse. Incorporer le jus de citron et une pincée de sel en fouettant. Ajouter le sirop en un long filet continu et en fouettant sans cesse jusqu'à ce qu'il soit incorporé. Racler le beurre pour le déposer sur un morceau de papier parchemin et former une bûche. Plier le papier par-dessus le beurre en le roulant délicatement pour sceller. Appuyer une règle contre la jointure tout en tirant sur le bout de papier lâche pour former une bûche droite. Réfrigérer la bûche 30 minutes ou congeler 10 minutes.

Éplucher le maïs ; jeter les pelures et la soie. Faire tremper le maïs 10 minutes dans de l'eau glacée. Égoutter et éponger avec un essuie-tout. Badigeonner avec un peu de beurre fondu et assaisonner de sel et de poivre.

Préparer un gril au **CHARBON DE BOIS** ou au **GAZ** pour une cuisson à chaleur **MOYENNE-ÉLEVÉE DIRECTE** (pages 15-16). Brosser et huiler la grille.

Griller le maïs directement au-dessus de la chaleur moyenne-élevée environ 20 minutes, en le tournant souvent et en le badigeonnant de beurre au besoin, jusqu'à ce qu'il soit légèrement noirci et caramélisé de tous côtés.

Transférer le maïs grillé sur un plateau. Déballer le beurre de sorgho, le mettre dans le beurrier et servir avec le maïs chaud.

RENDEMENT : 6 PORTIONS

SALADE PANZANELLA

Vinaigrette balsamique (page 261)

tomates patrimoniales : 6, environ 3 lb (1,5 kg) au total

petites tomates patrimoniales en forme de larme : 1 chopine (12 oz/375 g)

sel et poivre moulu

focaccia au romarin : 6 tranches

huile d'olive pour badigeonner

ail : 6 gousses

vinaigre balsamique : ¼ tasse (2 oz liq./60 ml)

basilic frais : 10 feuilles, roulées sur la longueur puis tranchées sur la largeur en rubans

persil italien : 3 c. à soupe, émincé

roquette : 3 tasses (3 oz/90 g), les bouts durs retranchés

cœurs de romaine : 2 tasses (2 oz/60 g), coupés en morceaux de ¾ po (2 cm)

oignon rouge : 1, tranché finement

Rien n'est perdu dans une cuisine italienne, y compris le pain légèrement rassis. C'est le pain de la veille qui est préféré dans cette salade typiquement italienne. La focaccia au romarin peut être remplacée par un pain campagnard ou pain au levain artisanal de bonne qualité.

Couper les tomates en deux. Mettre dans une passoire au-dessus d'un bol et saler généreusement. Laisser reposer 10 minutes pour égoutter, en réservant le liquide.

Préparer un gril au **CHARBON DE BOIS** ou au **GAZ** pour une cuisson à chaleur **MOYENNE-ÉLEVÉE DIRECTE** (pages 15-16). Brosser et huiler la grille.

Badigeonner les tranches de focaccia avec l'huile. Griller les tranches directement au-dessus de la chaleur moyenne-élevée environ 4 – 5 minautes par côté, en tournant une fois, jusqu'à ce qu'elles soient bien colorées.

Transférer la focaccia sur une planche à couper. Laisser tiédir. Déchirer ou couper les tranches en morceaux de ¾ po (2 cm).

Avec le plat d'un couteau de chef, écraser les gousses d'ail pour faire une pâte.

Dans un grand saladier, mélanger le liquide réservé, le vinaigre, ¾ tasse (2 oz liq./60 ml) d'eau et 1 c. à soupe de vinaigrette balsamique. Ajouter l'ail et le pain grillé et mélanger pour imbiber le pain. Ajouter les tomates, le basilic et le persil. Rectifier l'assaisonnement et mélanger de nouveau.

Dans un autre grand saladier, combiner la roquette, la romaine et l'oignon rouge et assaisonner de sel et de poivre. Ajouter la vinaigrette balsamique, 1 c. à soupe à la fois, et mélanger pour bien enduire les ingrédients. Ajouter le mélange aux tomates et au pain et mélanger de nouveau.

Disposer la salade en monticule dans un grand bol de service ou la répartir également parmi les assiettes individuelles et servir immédiatement.

SALADE D'AUBERGINES, POIVRONS ET OIGNONS VERTS

RENDEMENT : 6 PORTIONS

Cette salade végétarienne s'inspire des saveurs de la Méditerranée. Le fait de saler les aubergines avant de les griller permet de les dégorger et d'atténuer l'amertume. Si vous êtes pressé, omettez cette étape.

Dans un bol, combiner l'huile d'olive, le garam masala, le thym, le basilic et une pincée de sel et poivre.

À l'aide d'un couteau aiguisé, retrancher les queues des aubergines. À l'aide d'un couteau à éplucher, retirer des lanières verticales de la peau pour créer un effet zébré. Couper les aubergines en rondelles de ½ po (12 mm). Disposer les rondelles en une seule couche sur une plaque à pâtisserie tapissée d'un essuie-tout et assaisonner généreusement de sel et de poivre des deux côtés. Laisser reposer 30 minutes pour dégorger l'aubergine.

Dans un saladier, combiner les poivrons, les piments chili et ¼ tasse (2 oz liq./60 ml) de l'huile épicée et mélanger.

Badigeonner les oignons verts ainsi que les deux côtés des rondelles d'aubergine avec l'huile épicée et assaisonner de sel et de poivre.

Préparer un gril au **CHARBON DE BOIS** ou au **GAZ** pour une cuisson à chaleur **ÉLEVÉE DIRECTE** (pages 15-16). Brosser et huiler la grille ou huiler un panier à griller.

En travaillant en petites quantités, disposer les poivrons, les piments chili, les oignons verts et les rondelles d'aubergine sur la grille ou dans le panier à griller directement au-dessus de la chaleur élevée. Griller les légumes environ 6 – 8 minutes pour les poivrons, 8 – 10 minutes pour les piments chili, 2 – 3 minutes pour les oignons verts et 8 – 10 minutes pour les aubergines, en les tournant souvent, jusqu'à ce qu'ils soient bien colorés de tous côtés. Lorsqu'ils sont tendres, les déplacer vers l'extérieur de la grille où la chaleur est moins intense et griller 20 – 30 minutes au total selon le type de légume jusqu'à ce qu'ils soient cuits.

Transférer les légumes sur un grand plateau de service et servir immédiatement.

huile d'olive : 1 tasse (8 oz liq./250 ml)

garam masala : 2 c. à thé

thym séché : 1 c. à thé

basilic séché : 1 c. à thé

sel et poivre moulu

aubergines : 2 moyennes

poivrons rouges : 2, épépinés et coupés en minces lanières

poivrons jaunes : 2, épépinés et coupés en minces lanières

poivrons orange : 2, épépinés et coupés en minces lanières

piments chili Anaheim : 4, coupés en deux sur la longueur et épépinés

oignons verts : 10, parés en laissant 3 po (7,5 cm) des parties vert tendre

RENDEMENT : 6 – 8 PORTIONS

SALADE DE POMMES DE TERRE NOUVELLES

petites pommes de terre nouvelles : 4 lb (2 kg)

huile d'olive pour badigeonner

vin blanc tel que sauvignon : ¼ tasse (2 oz liq./60 ml) plus 2 c. à soupe

sel de mer et poivre moulu

mayonnaise : ½ tasse (1½ oz/45 g)

moutarde à l'ancienne : 1 c. à thé

persil italien : 2 c. à soupe, émincé

estragon frais : 2 c. à soupe, émincé

ciboulette : 2 c. à soupe, hachée finement

Voici une variante de la salade de pommes de terre. Celles-ci sont grillées puis mélangées encore toutes chaudes à la vinaigrette, permettant aux saveurs de s'imprégner davantage. Emballez la salade pour l'emporter en pique-nique ou là où vous ferez vos grillades.

Porter à ébullition une casserole remplie d'eau aux trois quarts. Ajouter les pommes de terre et cuire 5 – 7 minutes jusqu'à ce qu'on puisse y insérer un couteau sans qu'elles soient tout à fait tendres. Égoutter et éponger. Badigeonner les pommes de terre avec l'huile d'olive.

Préparer un gril au **CHARBON DE BOIS** ou au **GAZ** pour une cuisson à chaleur **MOYENNE-ÉLEVÉE DIRECTE** (pages 15-16). Brosser et huiler la grille.

Griller les pommes de terre au-dessus de la chaleur la plus intense 4 – 5 minutes, en les tournant une ou deux fois, jusqu'à ce qu'elles soient tendres en les piquant avec la pointe d'un couteau.

Transférer les pommes de terre sur une planche à couper, laisser tiédir juste assez pour les manipuler, puis les trancher ou les couper en morceaux en jetant les petites extrémités. Transférer les pommes de terre encore chaudes dans un grand saladier ; ajouter la ½ tasse (4 oz liq./125 ml) de vin blanc et assaisonner au goût. Mélanger délicatement pour enduire les pommes de terre. Laisser reposer 20 – 30 minutes jusqu'à ce que la salade soit refroidie, ou réfrigérer jusqu'à 2 jours. (Les pommes de terre vont absorber une bonne partie du vin.)

Pour préparer la vinaigrette, mélanger la mayonnaise, les 2 c. à soupe de vin blanc, la moutarde, le sel, le poivre et les herbes. Ajouter la vinaigrette aux pommes de terre et mélanger.

Servir immédiatement ou couvrir hermétiquement et réfrigérer jusqu'à 2 jours.

GAZPACHO DE LÉGUMES GRILLÉS

RENDEMENT : 8 – 10 PORTIONS

Le fait de griller les légumes pour une gazpacho froide ajoute une intensité de saveur inattendue. Cette soupe estivale est à son meilleur si on la prépare la veille ; les saveurs se mélangent pendant la nuit et on la complète à la table, en y ajoutant les fines herbes.

Évider, couper en quartiers et épépiner les tomates. Mettre les tomates dans une passoire au-dessus d'un bol et saupoudrer de sel. Laisser reposer 10 minutes. Transférer l'eau égouttée dans un contenant hermétique et réfrigérer.

Préparer un gril au **CHARBON DE BOIS** ou au **GAZ** pour une cuisson à chaleur **MOYENNE-ÉLEVÉE DIRECTE** (pages 15-16). Brosser et huiler la grille ou huiler un panier à griller.

Badigeonner les courgettes, tomates, poivrons et piments chili avec l'huile d'olive et assaisonner légèrement de sel et de poivre. En travaillant par petites quantités, disposer les courgettes, tomates, poivrons et piments chili sur la grille ou dans le panier à griller directement au-dessus de la chaleur moyenne-élevée. Cuire environ 2 – 4 minutes les courgettes ; 10 minutes, les tomates, poivrons et piments chili, en les tournant souvent, jusqu'à ce qu'ils soient tendres et bien grillés de tous côtés. Transférer les légumes grillés sur un plateau et laisser tiédir. Examiner les légumes pour retirer la peau brûlée en laissant quelques marques de grillade.

En travaillant par petites quantités, dans un mélangeur ou robot culinaire, combiner les légumes grillés, la moitié des concombres et la sauce au piment fort et réduire en purée. Ajouter ½ tasse (4 oz liq./125 ml) de soupe aux tomates ou plus au besoin pour délayer la purée à une consistance coulante. Rectifier l'assaisonnement ; la gazpacho devrait être très assaisonnée et épicée. Transférer dans un pichet de verre, couvrir et réfrigérer au moins 2 heures, de préférence jusqu'au lendemain.

Pour servir, remplir aux trois quarts des petits verres ou des tasses à expresso de gazpacho. Garnir chacun de 1 c. à thé des concombres restants, 1 c. à soupe d'eau réservée des tomates, 3 gouttes d'huile d'olive extra-vierge et une pincée d'herbes fraîches. Servir immédiatement.

tomates italiennes : 6

tomates patrimoniales : 4

sel et poivre moulu

huile d'olive pour badigeonner

courgettes : 2 petites, tranchées en lanières de ¼ po (6 mm)

poivrons rouges : 2, coupés en deux sur la longueur et épépinés

piments jalapeño : 2, coupés en deux sur la longueur et épépinés

concombres anglais : 2, épluchés, épépinés et hachés

sauce au piment fort : 1 c. à soupe

soupe aux tomates : 4 tasses (32 oz liq./1 litre)

huile d'olive extra-vierge pour arroser

ciboulette, cerfeuil, persil italien et estragon frais : 1 c. à soupe chacun, hachés et mélangés

RENDEMENT : 8 – 10 PORTIONS

HORS-D'ŒUVRE GRILLÉS

sel de mer et poivre concassé

aubergines : 2, coupées en rondelles de ½ po (12 mm)

huile d'olive : 1½ tasse (12 oz liq./375 ml)

fines herbes fraîches mélangées : 8 c. à soupe, hachées, et un peu plus pour la garniture

ail : 4 gousses, émincées, plus 2-3 têtes, étêtées à ½ po (12 mm)

vinaigre balsamique

poivrons rouges et jaunes : 2 ch., épépinés et coupés en lanières

piments verts doux : 4 – 6, coupés en deux et épépinés

asperges : 1½ lb (750 g), parées

oignons doux : 2, coupés en deux

oignons verts : 6, avec 2-3 po (5 - 7,5 cm) de parties vert tendre

courges jaunes et courgettes : 2 ou 3 ch., parées et coupées en deux, la peau légèrement ciselée

tomates : 4 – 6, en quartiers

olives mélangées conservées dans l'huile : 1 tasse (6 oz/180 g)

Il faut penser à renouveler le charbon de bois à toutes les 20 à 30 min si vous utilisez un gril au charbon de bois pour cette recette, ou prévoir une bouteille de propane de rechange si votre gril est au gaz, en raison de la grande quantité de légumes à griller et du long temps de cuisson. Utilisez des fines herbes fraîches telles que le romarin, le thym, l'origan et la marjolaine. Servez les hors-d'œuvre avec des tranches de pain campagnard grillées si vous le désirez.

Saler les aubergines et laisser dégorger dans une passoire.

Pour préparer l'huile aux herbes, combiner l'huile, les herbes mélangées, l'ail émincé, 1 c. à soupe de sel et 1 c. à thé de poivre.

Préparer un gril au **CHARBON DE BOIS** ou au **GAZ** pour une cuisson à chaleur **MOYENNE-ÉLEVÉE DIRECTE** (pages 15-16). Brosser et huiler la grille.

Déposer les têtes d'ail sur du papier d'aluminium et arroser de 1 – 2 c. à soupe de l'huile aux herbes et quelques gouttes de vinaigre. Assaisonner de sel et de poivre et sceller de façon hermétique.

Mettre les têtes d'ail vers l'extérieur de la grille où la chaleur est moins intense et griller 10 – 12 minutes, en vérifiant à l'occasion pour s'assurer de ne pas les brûler, jusqu'à ce qu'elles soient tendres et caramélisées. Entre-temps, en travaillant en petites quantités, disposer les aubergines, les poivrons, les piments chili, les asperges, les oignons doux et verts, les courges et les courgettes sur la grille au-dessus de la chaleur la plus intense. Badigeonner les légumes avec l'huile aux herbes et griller environ 5 minutes selon le type de légume, en tournant souvent, jusqu'à l'apparition de marques de grillade. Déplacer les légumes vers l'extérieur de la grille là où la chaleur est moins intense et griller environ 5 minutes de plus selon le type de légume, jusqu'à ce qu'ils soient mi-tendres mi-croquants.

Transférer les légumes grillés sur un grand plateau et garnir de fines herbes fraîches. Servir avec les tomates, les olives et l'ail rôti et un vinaigre balsamique de bonne qualité.

Bœuf • Porc • Agneau

RENDEMENT : 8 PORTIONS

FAJITAS AU BIFTECK DE FLANC

huile d'olive : ¼ tasse (2 oz liq./60 ml)

petits oignons : 1, émincé

ail : 2 gousses, émincées

vinaigre de vin rouge : 3 c. à soupe

chili en poudre et cumin moulu : 1 c. à thé chacun

sel et poivre moulu

bifteck de flanc : 2, environ 4 lb (2 kg) au total, parés

tortillas de farine : 8 grosses

coriandre fraîche : ¼ tasse (⅓ oz/10 g), émincée

guacamole : 2 tasses (1 lb/500 g)

laitue : 1 pomme, râpée

salsa fraîche et pico de gallo : 1 tasse (8 oz/250 g) chacun

fromage Monterey Jack : 1½ tasse (6 oz/185 g), râpé

crème sure mexicaine ou crème sure : ½ tasse (4 oz/125 g)

Le bifteck de flanc est le meilleur choix pour mariner rapidement et griller. Il est bien marbré, ce qui le rend savoureux. Il est un peu filamenteux alors assurez-vous de le trancher contre le grain.

Pour préparer la marinade, dans un bol, mélanger l'huile, l'oignon, l'ail, le vinaigre, le chili en poudre, le cumin et 1 c. à thé de poivre.

Trancher chaque steak sur la largeur en 3 ou 4 morceaux. Les morceaux seront d'épaisseurs inégales. Mettre la viande dans un plat à rôtir jetable en aluminium et assaisonner généreusement de sel. Verser la marinade sur la viande et tourner celle-ci pour bien l'enduire. Laisser reposer 5 – 10 minutes. On peut aussi tremper les steaks dans la marinade juste avant de les griller.

Préparer un gril au **CHARBON DE BOIS** ou au **GAZ** pour une cuisson à chaleur **ÉLEVÉE DIRECTE** (pages 15-16). Brosser et huiler la grille.

Retirer les steaks de la marinade et éponger avec un essuie-tout ; jeter la marinade.

Griller la viande directement au-dessus de la chaleur élevée 3 – 4 minutes par côté pour une cuisson saignante-à point ou selon la cuisson désirée, en tournant une fois. Envelopper les tortillas dans un papier d'aluminium et les mettre sur un côté du gril pour les réchauffer.

Transférer la viande sur une planche à couper, faire une tente d'aluminium par-dessus et laisser reposer 5 minutes. Trancher les steaks contre le grain en lanières et les empiler sur un plateau en ajoutant le jus accumulé sur la planche. Garnir de coriandre et servir immédiatement avec les tortillas et accompagnements : guacamole, laitue, salsa fraîche, pico de gallo, fromage Monterey Jack et crème sure mexicaine.

BOUTS DE CÔTES BARBECUE À LA CORÉENNE

RENDEMENT : 6 PORTIONS

Kalbi kui, le mets national des Coréens, est une délicieuse préparation de bouts de côtes marinés, généralement grillés à chaleur vive sur un gril au charbon de bois portatif, tranchés et enveloppés dans des feuilles de laitue. Surveillez le gril de près pour ne pas brûler les bouts de côtes – ils cuisent très rapidement.

Dans une poêle sèche à feu moyen-doux, griller les graines de sésame 1 – 2 minutes pour les dorer. Réserver. Peler et évider la poire et la couper en quartiers. Pour préparer la marinade, dans un mélangeur ou robot culinaire, combiner les graines de sésame, la poire, l'ail, les oignons verts, la sauce soya, le xérès, le mirin, l'huile de sésame, la cassonade et le miel. Actionner à haute vitesse pour obtenir un mélange lisse.

Mettre les bouts de côtes sur une planche à couper, l'os vers le bas. À l'aide d'un couteau aiguisé, retrancher la viande de l'os ; jeter les os ou les réserver pour la marinade. Pratiquer une coupe papillon en tranchant chaque morceau jusqu'aux trois quarts sur l'épaisseur et en l'ouvrant pour former un rectangle. Assaisonner de sel et de poivre et mettre dans un plat peu profond avec les os, le cas échéant. Verser la marinade sur la viande et tourner celle-ci pour bien l'enduire. Couvrir et réfrigérer au moins 2 heures ou jusqu'à 4 heures. Retirer du réfrigérateur 30 minutes avant la cuisson.

Préparer un gril au **CHARBON DE BOIS** ou au **GAZ** pour une cuisson à chaleur **MOYENNE-ÉLEVÉE DIRECTE** (pages 15-16). Brosser et huiler la grille.

Griller les bouts de côtes directement au-dessus de la chaleur moyenne-élevée, 6 – 10 minutes par côté pour une cuisson saignante-à point, en tournant une fois, jusqu'à ce qu'ils soient dorés, caramélisés et à point.

Transférer la viande sur une planche à couper. Trancher la viande et la disposer sur un plateau avec les feuilles de laitue (les feuilles extérieures seulement) et garnir de coriandre et de piments en tranches. Servir chaude avec la trempette asiatique.

Sauce à tremper asiatique (page 236)

graines de sésame : 2 c. à soupe

poire asiatique : 1

ail : 3 gousses

oignons verts : 2

sauce soya et xérès : ¼ tasse (4 oz liq./125 ml) chacun

mirin et huile de sésame asiatique foncée : 2 c. à soupe chacun

cassonade pâle : 1 c. à soupe, bien tassée

miel : 1 c. à soupe

bouts de côtes de bœuf : 6, environ 2 lb (1 kg) au total, d'une longueur de 2-3 po (5-7,5 cm) chacun

sel et poivre moulu

romaine : 2 pommes

coriandre fraîche : ¼ tasse (⅓ oz/10 g), ciselée

piments chili : en tranches, pour la garniture

BIFTECK À LA FLORENTINE

RENDEMENT : 4 PORTIONS

Le* bistecca alla fiorentina *– un bifteck d'aloyau (T-bone) grillé sur des charbons ardents dans l'âtre ou le four à bois – est l'une des merveilles de la cuisine toscane. En Italie, le bistecca provient du bouvillon Chianina mais un bœuf Canada primé ou AAA vieilli à sec peut en faire autant.

huile d'olive : ½ tasse (4 oz liq./125 ml)

fines herbes fraîches telles que romarin, sauge, thym et marjolaine : 6 c. à soupe, hachées

biftecks d'aloyau avec ou sans os : 2, environ 1½-2 lb (750g–1 kg) chacun, d'une épaisseur de 2 po (5 cm)

sel de mer et poivre concassé

Pour préparer une huile aux herbes, dans un petit bol, mélanger l'huile et les herbes.

Retrancher l'excédent de gras des steaks ; réserver un morceau de 1 po (2,5 cm) pour graisser la grille. Assaisonner généreusement les steaks de sel et de poivre en appuyant doucement sur la viande pour les faire pénétrer. Mettre les steaks dans un grand plat de cuisson, verser la moitié de l'huile aux herbes par-dessus et tourner pour bien les enduire d'huile. Couvrir d'une pellicule de plastique et laisser reposer 15 minutes à température de la pièce ou au moins 1 heure et jusqu'à 3 heures au réfrigérateur, en les tournant une fois l'heure. Retirer du réfrigérateur 20 minutes avant la cuisson.

Préparer un gril au **CHARBON DE BOIS** ou au **GAZ** pour une cuisson à chaleur **MOYENNE-ÉLEVÉE DIRECTE** (pages 15-16). À l'aide d'une pince, graisser la grille préchauffée avec le gras réservé ; il devrait fumer et grésiller au contact de la grille et commencer à fondre.

Griller les steaks directement au-dessus de la chaleur moyenne-élevée 10 – 12 minutes au total ou selon la cuisson désirée, en les tournant à l'occasion et en les déplaçant vers une zone de chaleur moins intense en cas de flambée.

Transférer les steaks sur une planche à couper, abriter sous une tente d'aluminium et laisser reposer 5 minutes.

Retrancher la viande de l'os en morceaux entiers, puis couper chaque morceau en tranches de ¾ po (2 cm). Transférer la viande sur un plateau de service et assaisonner de sel, arroser avec le reste de l'huile aux herbes et servir immédiatement.

RENDEMENT : 4 PORTIONS

RÔTI AUX HERBES À LA SICILIENNE

huile d'olive : 1 tasse (8 oz liq./250 ml)

marjolaine fraîche : 2 c. à soupe ou 1 c. à soupe d'origan séché

romarin frais : 2 c. à soupe ou 1 c. à soupe de romarin séché

thym frais : 2 c. à soupe ou 1 c. à soupe de thym séché

ail : 3 gousses, émincées

oignon jaune : 1, émincé

poivre concassé : 2 c. à soupe

flocons de piment fort : 1 c. à thé

rôti de bas de surlonge : 1, 2½-3 lb (1,25-1,5 kg)

sel de mer

Pour les occasions spéciales, les Siciliens frottent leurs rôtis de bœuf avec des herbes fraîches de la campagne, de l'ail et des flocons de piment fort pour donner du piquant. Les herbes fraîches sont préférables dans cette recette mais on peut les remplacer par des herbes séchées.

Pour préparer une marinade *olio santo* traditionnelle, dans un grand bol, mélanger l'huile, la marjolaine, le romarin, le thym, l'ail, l'oignon, le poivre noir et les flocons de piment fort. Verser la moitié de l'*olio santo* dans un petit bol de service et réserver.

Rincer le rôti à l'eau courante froide et éponger avec un essuie-tout. Mettre le rôti dans un grand bol avec le reste de l'*olio santo* et tourner pour bien l'enduire. Couvrir et laisser reposer à température de la pièce 30 minutes, en le tournant une fois, ou réfrigérer au moins 1 heure ou jusqu'à 3 heures, en le tournant une fois l'heure pour bien l'enduire. Retirer du réfrigérateur 30 minutes avant la cuisson.

Préparer un gril au **CHARBON DE BOIS** ou au **GAZ** pour une cuisson à chaleur **MOYENNE-ÉLEVÉE INDIRECTE** (pages 15-16). Brosser et huiler la grille.

Déposer le rôti directement au-dessus de la chaleur moyenne-élevée 4 – 5 minutes jusqu'à ce qu'il soit bien marqué et grillé sur un côté. Tourner et cuire environ 3 minutes jusqu'à ce qu'il soit également grillé. Déplacer le rôti vers la chaleur indirecte. Verser tout résidu solide de la marinade sur le rôti. Fermer le couvercle et cuire 15 – 20 minutes de plus, jusqu'à ce que la viande soit bien colorée, croûtée et suffisamment cuite.

Transférer le rôti sur une planche à couper, couvrir d'une tente d'aluminium et laisser reposer 5 minutes.

Trancher le rôti finement contre le grain et assaisonner légèrement de sel. Servir immédiatement avec l'*olio santo* réservée.

RENDEMENT : 6 PORTIONS

BIFTECK CHURRASCO AVEC CHIMICHURRI

persil italien frais : 1 tasse (1 oz/30 g)

coriandre fraîche : 1 tasse (1 oz/30 g)

marjolaine fraîche : 3 c. à soupe

ail : 4 gousses

sel de mer et poivre concassé

vinaigre au champagne : 3 c. à soupe

huile d'olive : ½ tasse (4 oz liq./125 ml)

poivron rouge : ½, rôti, pelé, épépiné et coupé finement en dés

flocons de piment fort : 1 c. à soupe (facultatif)

biftecks de surlonge : 3, environ ½ lb (250 g) chacun, d'une épaisseur de 1 po (2,5 cm)

Le chimichurri est un condiment passe-partout en Argentine. Son acidité vive et sa saveur tonifiante d'ail et d'herbes agrémentent la cuisine churrasco, les grillades sud-américaines.

Pour préparer le chimichurri, dans un robot culinaire, combiner le persil, la coriandre, la marjolaine et l'ail et pulser plusieurs fois pour mélanger. Racler les parois du bol et assaisonner généreusement de sel et de poivre. Ajouter le vinaigre et pulser pour incorporer. Avec le moteur en marche, ajouter l'huile en un long filet continu pour l'émulsifier. Verser dans un petit bol de service. Incorporer le poivron rouge rôti et les flocons de piment fort, le cas échéant. Couvrir de façon hermétique et réfrigérer au moins 1 heure ou jusqu'au lendemain. Retirer du réfrigérateur 20 minutes avant la cuisson.

Retrancher l'excédent de gras des steaks ; réserver un morceau de 1 po (2,5 cm) pour graisser la grille. Assaisonner les steaks généreusement de sel et de poivre concassé et badigeonner d'huile.

Préparer un gril au **CHARBON DE BOIS** ou au **GAZ** pour une cuisson à chaleur **ÉLEVÉE DIRECTE** (pages 15-16). À l'aide d'une pince, graisser la grille préchauffée avec le gras réservé ; il devrait fumer et grésiller au contact de la grille et commencer à fondre.

Griller les steaks directement au-dessus de la chaleur élevée 4 – 6 minutes par côté pour une cuisson saignante-à point, en les tournant une fois, jusqu'à ce qu'ils soient joliment brunis et suffisamment cuits.

Transférer sur une planche à couper, couvrir d'une tente d'aluminium et laisser reposer 5 minutes. Trancher les steaks contre le grain et disposer sur un plateau. Verser les jus accumulés sur la planche à couper par-dessus et servir en nappant la viande de chimichurri.

POINTE DE POITRINE TEXANE

RENDEMENT : 6 – 8 PORTIONS

Au Texas, la pointe de poitrine est prisée lors des grillades. Celle-ci est frottée d'épices, aromatisée et fumée longuement. Prévoyez une réserve de charbons de bois et de mesquite ou de propane pour une longue cuisson.

Pour préparer le sel à frotter, combiner toutes les épices dans un robot culinaire. Réduire en une poudre grossière.

Rincer la pointe de poitrine à l'eau courante froide et éponger avec un essuie-tout. Assaisonner généreusement de tous côtés avec le sel à frotter en le frictionnant dans la viande. Envelopper dans une pellicule de plastique et réfrigérer au moins 1 heure ou jusqu'au lendemain. Retirer du réfrigérateur 30 minutes avant la cuisson.

Préparer un gril au **CHARBON DE BOIS** ou au **GAZ** pour une cuisson à chaleur **MOYENNE-FAIBLE INDIRECTE** (pages 15-16). Brosser et huiler la grille. Assaisonner de nouveau la pointe de poitrine avec le sel à frotter et déposer dans un plat à rôtir jetable, le côté gras vers le haut.

CHARBON DE BOIS : Répartir la moitié des copeaux de mesquite sur les charbons de bois. Mettre le plat à rôtir du côté où la chaleur est moins intense, fermer le couvercle et griller 3½ – 4 h, en arrosant la viande des jus accumulés, jusqu'à ce qu'elle soit de couleur acajou. Ajouter charbons et copeaux de bois toutes les 30 min.

GAZ: Régler la chaleur d'un brûleur à une chaleur élevée. Faire chauffer une boîte à fumée remplie à demi de copeaux de bois jusqu'à ce qu'une fumée se dégage ; réduire le feu à moyen-doux. Procédez ensuite comme pour la cuisson au charbon de bois.

Transférer la pointe de poitrine sur une grande planche à couper, couvrir d'une tente d'aluminium et laisser reposer 10 minutes. Trancher la viande finement. Servir avec une sauce barbecue et des tranches de pain blanc en accompagnement.

gros sel : ¼ tasse (2 oz/60 g)

poivre moulu : 3 c. à soupe

cassonade pâle : 3 c. à soupe, bien tassée

paprika : 3 c. à soupe

poudre d'oignon : 3 c. à soupe

ail granulé et moutarde sèche : 2 c. à soupe chacun

cumin moulu et chili en poudre : 1 c. à soupe chacun

pointe de poitrine de bœuf entière : 1, 5-7 lb (2,5-3,5 kg), parée pour laisser une couche de gras de ¼ po (6 mm)

pain blanc pour servir (facultatif)

Sauce barbecue de base (page 231) pour servir (facultatif)

copeaux de bois de mesquite : 5 lb (2,5 kg), trempés pendant 30 minutes

RENDEMENT : 4 PORTIONS

STEAK GRILLÉ À LA PERFECTION

huile d'olive extra-vierge : 2 c. à soupe

fines herbes fraîches telles que romarin, sauge, thym et marjolaine : 3 – 4 c. à soupe, hachées

biftecks de côte ou faux-filets : 2, 10-12 oz (315-375 g) chacun, d'une épaisseur de 1½-2 po (4-5 cm)

gros sel et poivre concassé

Confiture d'oignons caramélisés (page 265) pour servir (facultatif)

Rien ne surpasse un steak grillé à la perfection pour les amateurs de grillades. Correctement préparé, nul besoin d'autre chose qu'un vin rouge, une salade verte et des amis carnivores avec qui le déguster. Utilisez votre meilleure huile d'olive pour cette recette simple.

Dans un petit bol, combiner l'huile et les herbes.

Retrancher l'excédent de gras des steaks ; réserver un morceau de 1 po (2,5 cm) pour graisser la grille. Assaisonner généreusement les steaks de sel et de poivre, en appuyant doucement sur la viande pour les faire pénétrer. Mettre les steaks dans un grand plat de cuisson, verser l'huile aux herbes par-dessus, puis tourner pour bien les enduire d'huile. Laisser reposer 10 - 15 minutes.

Préparer un gril au **CHARBON DE BOIS** ou au **GAZ** pour une cuisson à chaleur **ÉLEVÉE DIRECTE** (pages 15-16). À l'aide d'une pince, graisser la grille préchauffée avec le gras réservé ; il devrait fumer et grésiller au contact de la grille et commencer à fondre.

Retirer les steaks de la marinade, en laissant s'égoutter l'excédent ; jeter la marinade.

Griller les steaks directement au-dessus de la chaleur élevée 2 – 3 minutes, en fermant le couvercle, jusqu'à ce qu'ils soient bien marqués. Tourner les steaks, fermer le couvercle et griller l'autre côté jusqu'à l'apparition de marques de grillade. Continuer de tourner et de griller jusqu'à ce qu'ils soient suffisamment cuits.

Transférer les steaks sur une planche à couper, couvrir d'une tente d'aluminium et laisser reposer 5 minutes. Retrancher l'os de la côte et trancher les steaks en tranches épaisses. Assaisonner de sel et de poivre et servir avec la confiture d'oignon, le cas échéant.

CHOIX DU STEAK

Le bifteck de côte est sans contredit le premier choix des connaisseurs ; le bifteck de surlonge au deuxième rang, donne aussi de suprêmes résultats. Choisissez une viande de catégorie primée, AAA ou certifiée de race Black Angus, ou provenant d'élevages sans hormones, nourris à l'herbe. Évitez le bœuf AA offert au supermarché.

SALADE DE BAVETTE VIETNAMIENNE

RENDEMENT : 4 PORTIONS

Le fait d'inciser la viande avant de la mariner permet à la marinade de pénétrer et d'aromatiser le bœuf et l'empêche de se recroqueviller sur la grille. Utilisez du basilic thai, si disponible, pour une saveur authentique.

Marinade épicée (page 237)

bavette : 1, 1½-1¾ lb (750-875 g), parée

sel et poivre moulu

laitue Boston : 1 pomme, déchirée en petits morceaux

laitue romaine : 1 pomme, les feuilles extérieures enlevées, hachée en morceaux de 1 po (2,5 cm)

carotte : 1, pelée et coupée en julienne

concombre : 1, pelé, épépiné et coupé en julienne

oignon rouge : 1 petit, tranché finement

feuilles de basilic, menthe et coriandre : 2 c. à soupe chacun, ciselées, plus quelques feuilles pour la garniture

vermicelles chinois : 1 lb (500 g), trempées dans l'eau jusqu'à tendreté puis égouttées

Verser la moitié de la marinade dans un petit bol de service et réserver.

À l'aide d'un couteau aiguisé, faire des incisions croisées dans la viande des deux côtés, d'une profondeur d'au plus ½ po (12 mm). Mettre la bavette dans un plat peu profond, verser la marinade restante par-dessus, puis tourner pour bien l'enduire de marinade. Couvrir et réfrigérer au moins 1 heure ou jusqu'au lendemain.

Préparer un gril au **CHARBON DE BOIS** ou au **GAZ** pour une cuisson à chaleur **MOYENNE-ÉLEVÉE DIRECTE** (pages 15-16). Brosser et huiler la grille.

Retirer la bavette de la marinade, en laissant s'égoutter l'excédent ; jeter la marinade. Éponger la bavette avec un essuie-tout et assaisonner généreusement de sel et de poivre.

Griller la bavette directement au-dessus de la chaleur moyenne-élevée, en tournant une fois et en badigeonnant avec un peu de marinade restante, jusqu'à ce qu'elle soit suffisamment cuite.

Transférer sur une planche à couper, couvrir d'une tente d'aluminium et laisser reposer 5 minutes.

Assembler la salade en répartissant également la laitue, la carotte, le concombre, l'oignon rouge, les herbes et les nouilles dans des assiettes individuelles. Verser 1 c. à soupe de marinade dans chaque assiette.

Trancher la bavette contre le grain en aiguillettes fines et déposer sur les nouilles et les légumes. Garnir de basilic, de coriandre et de menthe et servir avec le reste de la marinade en accompagnement.

RENDEMENT : 6 PORTIONS

FILETS MIGNONS BARDÉS DE BACON

filets mignons : 6, 4-5 oz (125-155 g) chacun

sel et poivre concassé

bacon ou pancetta : ¼ lb (125 g), tranché finement (environ 12 tranches)

feuilles de sauge fraîche : 6

La pancetta peut être utilisée si elle est tranchée très finement. Le bacon épais n'est pas recommandé car il n'a pas le temps de rendre son gras et de cuire complètement.

Assaisonner généreusement les filets de sel et de poivre, en appuyant doucement sur la viande pour les faire pénétrer.

Barder chaque filet d'une tranche de bacon sur le pourtour, en ajoutant une deuxième tranche au besoin. Insérer une feuille de sauge entre le bacon et le filet et fixer le bacon avec un cure-dent. Couvrir et réfrigérer au moins 1 heure ou jusqu'à 4 heures. Retirer du réfrigérateur 20 minutes avant la cuisson.

Préparer un gril au **CHARBON DE BOIS** ou au **GAZ** pour une cuisson à chaleur **MOYENNE-ÉLEVÉE DIRECTE** (pages 15-16). Brosser et huiler la grille.

Griller les filets directement au-dessus de la chaleur moyenne-élevée 2 – 3 minutes par côté, en tournant une fois, jusqu'à ce que le bœuf soit bien marqué et le bacon croustillant. Déplacer les filets loin de la chaleur directe, fermer le couvercle et terminer la cuisson au goût.

Transférer sur une planche, couvrir d'une tente d'aluminium et laisser reposer 2 – 3 minutes. Servir.

ZONES DE CHALEUR

Peu importe la méthode particulière utilisée pour griller ou le type de gril, il faut maintenir une zone de la grille à intensité maximale en tout temps et une deuxième zone à chaleur moins intense. L'art de griller un aliment correctement repose sur l'habileté du cuisinier à déplacer les aliments entre les zones de chaleur tout en surveillant la nourriture et les flammes. Il faut éviter de faire flamber la nourriture. Si cela survient, déplacez les aliments vers une partie moins chaude de la grille et laissez les flammes s'éteindre. L'aliment cuit devrait être caramélisé et arborer des marques de grillade bien définies.

HAMBURGERS AU FROMAGE BLEU

RENDEMENT : 4 PORTIONS

La qualité du bœuf haché est d'une importance capitale ; achetez-le chez un boucher reconnu ou un marché haut de gamme. Pour le meilleur hamburger, choisissez un steak d'épaule ou de surlonge bien marbré avec au moins 20 pour cent de gras et demandez au boucher de le hacher deux fois.

Mettre le bœuf haché dans un bol et assaisonner généreusement de sel et de poivre. Ajouter 3 – 4 c. à soupe d'eau glacée au besoin pour humecter la viande. À l'aide des doigts mouillés, pétrir délicatement pour incorporer les assaisonnements et l'eau, en travaillant rapidement pour ne pas réchauffer la viande et en évitant de trop mêler. Diviser la viande en 4 parts. Façonner une galette de 3-3½ po (7,5-9 cm) de diamètre et environ 1 po (2,5 cm) d'épaisseur avec chaque part. Transférer les galettes sur un plateau tapissé de papier parchemin ou papier ciré. Couvrir et réfrigérer 30 minutes ou congeler 10 minutes.

Préparer un gril au **CHARBON DE BOIS** ou au **GAZ** pour une cuisson à chaleur **ÉLEVÉE DIRECTE** (pages 15-16). Brosser et huiler la grille.

Badigeonner les galettes de beurre fondu des deux côtés et assaisonner de nouveau généreusement avec du sel et du poivre.

Griller les hamburgers directement au-dessus de la chaleur élevée 2 – 3 minutes jusqu'à ce qu'ils soient bien marqués et que leurs jus commencent à monter à la surface. Tourner et griller l'autre côté. Déplacer les hamburgers vers une zone à chaleur indirecte et cuire au goût. Pendant les dernières minutes de cuisson, badigeonner les côtés coupés des pains de beurre fondu et faire griller environ 1 minute, côté coupé vers le bas, jusqu'à ce qu'ils soient légèrement grillés. Tourner et griller 30 secondes de plus.

Servir les hamburgers sur les pains grillés garnis de fromage bleu, de laitue et de condiments au goût.

bœuf haché de l'épaule ou de la surlonge : 1½ lb (750 g), maigre à 75-80%

sel et poivre moulu

beurre non salé : 4 c. à soupe (2 Oz/60 g), fondu

pains à sandwich tels que pains Kaiser avec graines : 4, coupés en deux

fromage bleu : 4-5 oz (125-155 g), tranché ou émietté

feuilles de laitue croustillantes telles que iceberg ou romaine : 1-2 tasses (1-2 oz/30-60 g), râpées

Confiture d'oignons caramélisés (page 265), Ketchup au piment chipotle (page 254) et/ou Moutarde à la bière (page 263) pour servir (facultatif)

RENDEMENT : 4 – 6 PORTIONS

SATAY DE BŒUF, SAUCE À TREMPER AU GINGEMBRE

Sauce à tremper au gingembre (page 236)

sauce soya : ½ tasse (4 oz liq./125 ml)

huile de sésame asiatique : 3 c. à soupe

citronnelle : 2 tiges, les parties blanches seulement, hachée finement

zeste et jus d'un citron

ail : 3 gousses, émincées

oignons verts : 2, les parties blanches seulement, hachés finement

cassonade pâle : 2 c. à soupe, bien tassée

bavette : 1, 1½-1¾ lb (750-875 g), parée

sel et poivre moulu

graines de sésame : grillées, pour garnir (facultatif)

brochettes de bambou

Avec une certaine dextérité pour manier le couteau et embrocher, le satay de bœuf est facile à préparer et toujours amusant à déguster. La marinade parfumée à la citronnelle est un excellent complément à la bavette de bœuf et donne à celle-ci un goût typiquement sud-asiatique.

Tremper les brochettes de bambou dans l'eau 30 minutes.

Pour préparer la marinade, dans un mélangeur ou robot culinaire, combiner la sauce soya, l'huile de sésame, la citronnelle, le zeste et jus de citron, l'ail, les oignons verts et la cassonade. Mélanger pour obtenir un mélange lisse. Verser dans une grande tasse à mesurer.

À l'aide d'un couteau aiguisé, faire des incisions croisées dans la viande des deux côtés, d'une profondeur d'au plus ¼ po (6 mm). Trancher la viande en biais contre le grain en lanières de ½ po (12 mm). Embrocher les lanières une à la fois sur la longueur. Tremper les brochettes dans la marinade et les déposer dans un plat peu profond. Couvrir et réfrigérer au moins 1 heure ou jusqu'au lendemain.

Préparer un gril au **CHARBON DE BOIS** ou au **GAZ** pour une cuisson à chaleur **MOYENNE-ÉLEVÉE DIRECTE** (pages 15-16). Brosser et huiler la grille.

Retirer les brochettes du réfrigérateur et transférer sur une assiette. Assaisonner généreusement de sel et de poivre.

Déposer les brochettes directement au-dessus de la chaleur moyenne-élevée 2 – 3 minutes par côté, en tournant une fois, jusqu'à ce qu'elles soient joliment grillées et suffisamment cuites.

Disposer les brochettes sur un plateau de service garni de graines de sésame grillées et servir immédiatement avec la trempette en accompagnement.

SAUCISSES CHORIZO AUX PALOURDES

RENDEMENT : 4 – 6 PORTIONS

D'origine espagnole, le chorizo est une saucisse fumée fortement assaisonnée au paprika et à l'ail. Vous le trouverez dans la plupart des boucheries et marchés haut de gamme. La combinaison classique de chorizo et de crustacés que l'on trouve dans la paella marie les saveurs de la fumée et de la mer.

Préparer un gril au **CHARBON DE BOIS** ou au **GAZ** pour une cuisson à chaleur **MOYENNE DIRECTE** (pages 15-16). Brosser et huiler la grille.

Piquer les boyaux des saucisses avec la pointe d'une brochette de bambou ou un cure-dent pour faire 4 ou 5 très petits trous. Placer les saucisses directement au-dessus de la chaleur moyenne-élevée environ 12 minutes au total, le couvercle fermé, en tournant souvent pour les griller légèrement de tous côtés.

Étaler 6 feuilles de papier d'aluminium épais sur une surface de travail. Façonner des assiettes creuses avec les feuilles. Déposer une poignée de palourdes avec 5 ou 6 rondelles de chorizo. Répartir les lanières de poivron, les oignons, l'ail, le persil et la ciboulette. Ajouter quelques gouttes d'huile d'olive et 2 – 3 c. à soupe de vin blanc. Assaisonner au goût avec du sel et du poivre. Rassembler les bords des papillotes et plier pour sceller.

Dérouler une grande feuille de papier d'aluminium robuste et la déposer sur la grille. Glisser les papillotes préparées sur la feuille et griller au-dessus d'une chaleur directe 5 – 10 minutes, le couvercle fermé, jusqu'à ce que le liquide à l'intérieur bouillonne. Éloigner les papillotes de la chaleur directe. Badigeonner les tranches de pain d'huile et placer au-dessus de la chaleur directe environ 1 minute par côté jusqu'à ce qu'elles soient légèrement grillées.

Servir les papillotes immédiatement en laissant aux invités le soin de les ouvrir et en portant attention à la vapeur qui s'échappe. On peut aussi vider les papillotes dans des assiettes individuelles. Servir le pain grillé en accompagnement.

saucisses chorizo : 4 (environ 2 lb/1 kg)

palourdes américaines fraîches ou coques de Nouvelle-Zélande : 2 chopines (2 lb/1 kg), rincées dans l'eau froide et brossées

poivron rouge : 1, évidé, épépiné et tranché en fines lanières

petit oignon : 1, tranché finement

ail : 1 gousse, émincé

persil italien frais : 1 tasse (1½ oz/45 g), haché finement

ciboulette : 2 c. à soupe, hachée finement

huile d'olive : ½ tasse (4 oz liq./125 ml)

vin blanc : 1 tasse (8 oz liq./250 ml)

sel et poivre moulu

pain rustique : ½ miche, en grosses tranches

RENDEMENT : 6 PORTIONS

SAUCISSES BRATWURST À LA BIÈRE

saucisses bratwurst : 6

huile d'olive : 2–4 c. à soupe, et un peu plus pour badigeonner

oignon jaune : 1 moyen, tranché

bière pilsner : 1 bouteille (12 oz liq./375 ml) ou au besoin

pains hot-dog : 6, séparés

beurre non salé pour badigeonner : fondu

Moutarde à la bière (page 263) et Ketchup au piment chipotle (page 254) pour servir (facultatif)

Les saucisses grillées sont encore meilleures si on les plonge dans une marmite de bière déposée sur le gril. Faites griller d'abord les saucisses sur le feu pour les imprégner de fumée du gril, puis laissez-les mijoter dans de la bière avec des oignons de 30 minutes à 1 heure. C'est un mets parfait pour un barbecue à la maison ou en pique-nique d'avant-match.

Préparer un gril au **CHARBON DE BOIS** ou au **GAZ** pour une cuisson à chaleur **MOYENNE-ÉLEVÉE DIRECTE** (pages 15-16). Brosser et huiler la grille.

Piquer le boyau des saucisses de tous côtés avec la pointe d'un couteau. Griller les saucisses directement au-dessus de la chaleur moyenne-élevée 10 - 15 minutes au total, en les tournant souvent, jusqu'à ce qu'elles soient joliment dorées de tous côtés. Déplacer les saucisses vers une zone à chaleur moins intense. Mettre une marmite épaisse ou un fait-tout sur la partie la plus chaude du gril et faire chauffer l'huile. Lorsque l'huile est chaude, ajouter les oignons et cuire 4 – 5 minutes, en remuant souvent, jusqu'à tendreté. Incorporer la bière et porter à ébullition. Ajouter les saucisses grillées, fermer le couvercle et laisser mijoter au moins 30 minutes ou jusqu'à 1 heure. Ajouter de la bière au besoin pour ne pas que le liquide s'évapore complètement.

Pendant les dernières minutes de cuisson, badigeonner l'intérieur des pains avec le beurre fondu et griller directement au-dessus de la partie la plus chaude du gril, le côté coupé vers le bas, jusqu'à ce qu'ils soient légèrement grillés.

Servir les saucisses dans les pains grillés garnies de moutarde et de ketchup, le cas échéant.

HOT-DOGS À LA MODE DE CHICAGO

RENDEMENT : 8 PORTIONS

Choisissez vos saucisses avec soin. Les saucisses au bœuf, au porc ou une combinaison des deux sont la norme. Choisissez des produits à base de boyaux naturels pour un authentique goût de hot-dog sous la dent.

Préparer un gril au **CHARBON DE BOIS** ou au **GAZ** pour une cuisson à chaleur **MOYENNE-ÉLEVÉE DIRECTE** (pages 15-16). Brosser et huiler la grille.

Griller les saucisses hot-dog directement au-dessus de la chaleur moyenne-élevée environ 5 minutes au total, en les tournant souvent, jusqu'à ce qu'elles soient légèrement colorées et dodues. Déplacer les saucisses vers la zone à chaleur indirecte. Badigeonner l'intérieur des pains hot-dogs avec le beurre fondu et griller 1 minute, le côté coupé vers le bas, jusqu'à ce qu'ils soient légèrement grillés. Tourner les pains et griller 30 secondes de plus.

Servir chaque hot-dog sur un pain avec des quantités égales d'oignons, de tomates et piments bananes, de relish, de sel de céleri, de moutarde et un quartier de cornichon à l'aneth.

VARIATIONS SUR LE HOT-DOG

À la mode des stades de baseball de la Nouvelle-Angleterre
Garniture : oignons hachés grillés, poivrons, ketchup, moutarde et relish.

À la mode de New-York
Saucisses grillées sur une double épaisseur de papier d'aluminium. Garniture: ketchup, moutarde brune et choucroute, si désiré. Servir sur un pain blanc chauffé accompagné d'un yogourt fouetté ou d'un nectar de papaye.

Hot-dogs farcis
À mi-cuisson, retirez les saucisses du gril. Faites des incisions en diagonale d'une profondeur de ½ po (12 mm). Insérez-y des tranches de piments Jalapeño et garnir de fromage Pepper Jack fraîchement râpé. Terminez la cuisson sur un feu à chaleur indirecte, le couvercle fermé, jusqu'à ce que le fromage commence à fondre. Garniture: moutarde créole et Ketchup au piment chipotle (page 254).

Moutarde à la bière (page 263)

saucisses hot-dog au bœuf ou bœuf et porc : 8, de préférence avec des boyaux naturels

pains hot-dog aux graines de pavot : 8, séparés

beurre non salé pour badigeonner : fondu

oignons jaunes : 1 tasse (4 oz/125 g), hachés

tomates : 1 tasse (6 oz/185 g), hachées

piments bananes : 6, coupés en quatre sur la longueur

relish : 1 tasse (4 oz/125 g)

sel de céleri

petits cornichons à l'aneth : 2 ou 3, coupés en quatre sur la longueur

HAMBURGERS DE BISON, AÏOLI AUX PIMENTS FORTS

RENDEMENT : 6 PORTIONS

Cette recette est une variante exotique du hamburger au fromage classique, avec un goût qui rappelle les Prairies canadiennes. La viande de bison remplace judicieusement le bœuf et a un goût délicieusement riche. Puisque la viande est très maigre, prenez soin de ne pas trop la cuire.

- **Aïoli aux piments forts (page 256)**
- **bison haché :** 1½ lb (750 g)
- **sauce worcestershire :** ¼ tasse (2 oz liq./60 ml)
- **sauce au piment fort**
- **ail granulé :** 1 c. à thé
- **gros sel et poivre moulu**
- **huile d'olive pour badigeonner**
- **fromage gruyère :** 6 tranches
- **beurre non salé pour badigeonner :** fondu
- **pains briochés, petits pains empereur ou pains hamburgers avec des graines :** 6, séparés
- **laitue verte :** 6–10 feuilles, parées pour s'ajuster aux pains
- **tomates patrimoniales :** 2, tranchées

Dans un grand bol, combiner le bison haché, la sauce worcestershire, 3 ou 4 gouttes de sauce au piment fort, l'ail granulé, 1½ c. à thé de sel et 1 c. à thé de poivre. À l'aide des doigts mouillés, mélanger délicatement pour incorporer les assaisonnements, en prenant soin de ne pas exagérer. Diviser la viande en 6 portions égales. Façonner chaque portion en une galette de 3½ po (9 cm) d'une épaisseur d'environ 1 po (2,5 cm). À l'aide du pouce, faire une empreinte de ¾ po (2 cm) au milieu de chaque galette. Transférer sur une assiette, couvrir et réfrigérer aux moins 1 heure ou jusqu'à 4 heures.

Préparer un gril au **CHARBON DE BOIS** ou au **GAZ** pour une cuisson à chaleur **MOYENNE-ÉLEVÉE DIRECTE** (pages 15-16). Brosser et huiler la grille.

Badigeonner les hamburgers de bison avec de l'huile des deux côtés et assaisonner généreusement de sel et de poivre.

Faire griller les hamburgers directement au-dessus de la chaleur moyenne-élevée 2 – 3 minutes jusqu'à ce que la viande soit bien marquée. Tourner et griller jusqu'à ce qu'une croûte savoureuse se forme et que les jus commencent à monter à la surface des galettes. Déplacer les galettes vers une zone à chaleur faible et garnir de fromage. Fermer le couvercle et griller environ 2 – 3 minutes de chaque côté pour une cuisson saignante-à point, jusqu'à ce que le fromage soit fondu et les hamburgers suffisamment cuits. Pendant les dernières minutes de cuisson, badigeonner les côtés coupés des pains avec le beurre fondu et faire griller sur la partie la plus chaude du gril, les côtés coupés vers le bas, environ 1 minute jusqu'à ce qu'ils soient légèrement grillés. Tourner et griller 30 secondes de plus.

Servir les hamburgers sur les pains grillés couverts d'aïoli aux piments forts et garnis de laitue et de tomates. Mettre l'aïoli aux piments forts sur la table.

RENDEMENT : 6 – 8 PORTIONS

PETITES CÔTES LEVÉES DE DOS

Sauce barbecue de base (page 231)

paprika : ½ tasse (4 oz/125 g)

ail granulé : ¼ tasse (4 oz/125 g)

cassonade pâle : 2 c. à soupe, bien tassée

chili en poudre : 1 c. à soupe

moutarde sèche et cumin moulu : 1 c. à thé chacun

gros sel : 1 c. à soupe

poivre moulu : 1 c. à thé

petites côtes levées de dos de porc : 4 carrés, environ 5 lb (2,5 kg), parées

morceaux ou copeaux de bois de mesquite : 4-5 lb (2-2,25 kg), trempés pendant 30 minutes

Au besoin, vous pouvez débuter la cuisson des côtes levées au four et terminer sur le gril. Chauffez le four à 350°F (180°C) et faites rôtir les côtes levées dans un plat à rôtir pendant 2 à 2½ heures, les tournant à l'occasion, jusqu'à ce qu'elles soient cuites, puis transférez-les au gril pour les imprégner du goût de fumée.

Pour préparer un sel à frotter, dans un petit bol, combiner le paprika, l'ail granulé, la cassonade, le chili en poudre, la moutarde, le cumin, le sel et le poivre.

Rincer les côtes levées à l'eau courante froide et éponger avec un essuie-tout. Assaisonner généreusement de tous côtés en frictionnant la viande. Couvrir et réfrigérer jusqu'au lendemain.

CHARBON DE BOIS : Râcler les charbons de bois et copeaux de mesquite vers les côtés pour mettre une lèchefrite au centre. Griller les côtes levées 3 – 3½ heures, à couvert, en ajoutant les charbons et copeaux aux heures pour maintenir la chaleur et entretenir la fumée et ce, jusqu'à ce que les côtes soient tendres et bien dorées. Transférer vers la chaleur directe et couper en portions de 3 ou 4 côtes. Pour terminer, couvrir de sauce barbecue et griller jusqu'à cuisson complète.

GAZ : Régler un brûleur à chaleur maximale. Chauffer une boîte à fumée à demi remplie de copeaux de bois jusqu'à ce qu'une fumée se dégage ; réduire le feu à moyen-doux. Griller les côtes levées 3 – 3½ heures, à couvert, en renouvelant les copeaux de bois toutes les heures. Pour terminer, couvrir de sauce barbecue et griller au-dessus de la chaleur directe jusqu'à cuisson complète.

Préparer un gril au **CHARBON DE BOIS** ou au **GAZ** pour une cuisson à chaleur **MOYENNE-FAIBLE INDIRECTE** (pages 15-16). Brosser et huiler la grille.

Transférer les côtes levées sur une planche à couper. Couper entre les côtes et les empiler sur un plateau. Servir immédiatement avec la sauce barbecue en accompagnement.

COCHON RÔTI SUR LA BROCHE

RENDEMENT : 10 – 12 PORTIONS

Pour réussir un cochon au tournebroche, il vous faut un tournebroche, une pelle, du fil d'acier, un coupe-fils, une aiguille à brider robuste, de la corde de boucher et deux paires de gants de cuisine robustes. Pour les indications de rôtissage, voir l'aventure du cochon rôti aux pages 45-47.

Sel à frotter au chili (page 245) : recette double

Sauce à napper de Memphis (page 232)

cochon entier : 1, environ 50 lb (25 kg) au total

rôtis de soc de porc désossés : 2, 6-7 lb (3-4 kg) chacun, sans la peau, en laissant une épaisse couche de gras

huile d'olive : 2 tasses (16 oz liq./500 ml)

Sauce barbecue de base (page 231) pour servir (facultatif)

Préparer un foyer extérieur (page 46) pour une cuisson à chaleur **MOYENNE-ÉLEVÉE INDIRECTE** (pages 15-16).

Frotter l'intérieur du cochon et les rôtis avec le sel à frotter au chili. Embrocher le cochon sur le tournebroche. Mettre les rôtis de porc dans la cavité du ventre. Utiliser une aiguille à brider robuste et la corde de boucher pour refermer la cavité. Ligoter ensuite le cochon à intervalles de 6 à 8 po (15 à 20 cm) pour le tenir fermé ; ligoter les pattes et badigeonner d'huile de tous côtés.

Installer le cochon embroché sur le support ou sur des trépieds au-dessus d'une chaleur indirecte, à une hauteur, et à une distance du feu de 1 – 2 pi (30 – 60 cm) du feu. Fixer la broche aux étriers avec du fil d'acier. Mettre 2 grands plats â rôtir en aluminium sous le cochon pour récupérer les graisses. Allumer le moteur. Laisser un thermomètre à four sur une pierre on un bloc de béton près du cochon pour contrôler la température ambiante. Renouveler les charbons de bois pour maintenir une température de 225-250°F (110-120°C). Rôtir le cochon jusqu'à ce que la peau soit bien dorée et croustillante et cuit de part en part à une température interne de 155-160°F (68-71°C). Ceci peut prendre 8 – 10 heures. Insérer le thermomètre dans la partie la plus charnue de l'épaule et de la croupe. Badigeonner légèrement le cochon de tous côtés à l'occasion avec la sauce à napper pendant le rôtissage pour humecter la peau et l'aromatiser.

La prochaine étape nécessite deux hommes : munis de gants de cuisine robustes, lever le cochon sur la broche et le transférer sur une surface ou planche suffisamment grande pour l'accommoder. Retirer la broche avec les fils et les cordes. Découper le cochon par sections, en commençant par les joues et les épaules et en descendant par les côtes et le filet jusqu'à la croupe. Retirer les rôtis de la cavité du ventre et les découper contre le grain. Servir immédiatement avec la sauce barbecue, le cas échéant, et d'autres condiments au choix.

RENDEMENT : 4 PORTIONS

CÔTES DE PORC À LA COMPOTE DE POMMES GRILLÉES

Compote de pommes grillées (page 266)

cassonade paâle : 3 c. à soupe, bien tassée

ail granulé : 2 c. à soupe ou 5 gousses d'ail, écrasées pour faire une pâte

feuilles de laurier : 2-3

romarin frais : 2 c. à soupe, émincé, plus 4 tiges pour garnir

piments de la Jamaïque : 5 ou 1 c. à thé de piments de la Jamaïque moulus

sel et poivre moulu : 1 c. à thé chacun

côtes de porc dans la longe avec ou sans os : 4, d'une épaisseur d'environ 3/4 po (2 cm)

Les côtes de porc ont tendance à sécher sur le gril. Le secret est de les saumurer au préalable pour les humecter et ajouter du goût. On trouve de nombreuses variétés de pommes acidulées à longueur d'année. Lorsqu'on les badigeonne de beurre fondu et d'épices pour les faire griller, elles complètent la viande de porc à merveille.

Pour préparer la saumure, dans une casserole moyenne à feu vif, combiner 2 tasses (16 oz liq./500 ml) d'eau, la cassonade, l'ail granulé, les feuilles de laurier, le romarin, le piment de la Jamaïque et 1 c. à thé de sel et de poivre. Porter à ébullition en remuant pour dissoudre le sucre, l'ail et le sel. Retirer du feu et laisser tiédir. Ajouter 2 tasses d'eau supplémentaires, transférer dans un grand contenant non réactif (acier inoxydable ou verre) et réfrigérer environ 1 heure pour refroidir. Ajouter les côtes de porc à la saumure froide et réfrigérer au moins 1 heure.

Retirer les côtes de porc de la saumure et éponger avec un essuie-tout ; jeter la saumure. Assaisonner les côtes de sel et de poivre des deux côtés.

Préparer un gril au **CHARBON DE BOIS** ou au **GAZ** pour une cuisson à chaleur **MOYENNE-ÉLEVÉE DIRECTE** (pages 15-16). Brosser et huiler la grille.

Griller les côtes de porc directement au-dessus de la chaleur moyenne-élevée environ 2 minutes jusqu'à ce qu'elles soient bien marquées. Tourner et griller l'autre côté jusqu'à ce qu'elles soient bien marquées et suffisamment cuites.

Transférer les côtes de porc grillées sur un plateau de service, garnir d'une cuillérée comble de compote et terminer par les tiges de romarin.

FILETS DE PORC AU CITRON ET À L'ANETH

RENDEMENT : 6 – 8 PORTIONS

Dans cette recette, la marinade au citron et à l'aneth complète agréablement le filet de porc qui cuit rapidement et est facile à griller en raison de sa forme étroite.

huile d'olive : ½ tasse (4 oz liq./125 ml)

citrons : 4

aneth frais : 2 c. à soupe, haché grossièrement, et quelques plumes pour garnir

ail : 2 gousses, émincées

filets de porc : 2, environ 3 lb (1,5 kg) chacun, parés et ficelés pour donner une forme compacte et uniforme

sel et poivre moulu

Pour préparer la marinade au citron et à l'aneth, dans un plat peu profond assez grand pour contenir le porc, combiner l'huile d'olive, le zeste et jus de 2 citrons, l'aneth et l'ail. Ajouter le porc et tourner pour bien l'enduire d'huile. Couvrir et réfrigérer au moins 1 heure ou jusqu'à 4 heures, en le tournant à l'occasion.

Préparer un gril au **CHARBON DE BOIS** ou au **GAZ** pour une cuisson à chaleur **MOYENNE-ÉLEVÉE DIRECTE** (pages 15-16). Brosser et huiler la grille.

Retirer le porc de la marinade en laissant s'égoutter l'excédent et éponger ; réserver la marinade. Badigeonner le porc d'huile et assaisonner généreusement de sel et de poivre.

Griller le porc directement au-dessus de la chaleur moyenne-élevée jusqu'à ce qu'il soit bien marqué de tous côtés. Déplacer les filets vers une zone à chaleur indirecte, fermer le couvercle et cuire 10 – 15 minutes de plus jusqu'à ce qu'ils soient fermes au toucher et cuits de part en part.

Pour tester la cuisson, insérer un thermomètre à lecture instantanée dans la partie la plus épaisse du filet ; la température doit atteindre 150°F (65°C). La température augmentera de quelques degrés pendant que la viande repose.

Transférer le porc sur une planche à découper, couvrir d'une tente d'aluminium et laisser reposer 5 minutes. Entre-temps, couper les citrons restants en deux et mettre sur le gril, le côté coupé vers le bas.

Couper le porc en tranches de ¾ po (2 cm) et disposer sur un plateau de service avec les citrons grillés. Garnir de plumes d'aneth et servir immédiatement.

RENDEMENT : 6 – 8 PORTIONS

BROCHETTES D'AGNEAU HACHÉ

Raïta à la menthe (page 267) et Relish au concombre (page 254)

ail : 4 gousses

gros sel et poivre moulu

oignon jaune : 1, émincé

chapelure fraîche : ¼ tasse (½ oz/15 g)

menthe fraîche : ¼ tasse (⅓ oz/10 g), hachée finement

persil italien frais : 3 c. à soupe, haché finement

cumin moulu : 2 c. à thé

coriandre moulue : 1 c. à thé

poivre de Cayenne moulu : ½ c. à thé

épaule d'agneau hachée : 2 lb (32 oz/1 kg), maigre à 80-85%

huile d'olive : 1 c. à soupe

pain naan, pita ou lavash : 8 morceaux

tomates et oignons grillés : hachés finement, pour servir

brochettes de métal plates : 8

Dans bien des régions du monde, les vendeurs ambulants offrent des brochettes d'agneau haché en grillade, servies sur un pain plat pour un mets rapide sur le pouce. La raïta, une sauce au yogourt à la menthe du sud de l'Asie, a meilleur goût le jour même mais peut être couverte hermétiquement et réfrigérée jusqu'à 2 jours.

À l'aide du côté plat d'un couteau de chef, écraser l'ail pour en faire une pâte en y ajoutant 1 c. à thé de gros sel. Dans un grand bol, combiner la pâte d'ail, l'oignon, la chapelure, la menthe, le persil, le cumin, la coriandre et le poivre de Cayenne. Ajouter l'agneau haché et assaisonner généreusement de sel et de poivre. À l'aide des doigts mouillés, mélanger délicatement la viande pour y incorporer les assaisonnements. Diviser le mélange en 8 portions.

Enduire d'huile le fond d'un plat peu profond. À l'aide des doigts mouillés, façonner chaque portion de viande en une saucisse de 3-3½ po (7,5-9 cm) d'un diamètre de 1 po (2,5 cm). Embrocher soigneusement chaque saucisse et réserver. Rouler les brochettes dans l'huile pour les enduire et disposer dans le plat. Couvrir et réfrigérer au moins 1 heure ou jusqu'à 4 heures. Retirer les brochettes du réfrigérateur 10 minutes avant la cuisson.

Préparer un gril au **CHARBON DE BOIS** ou au **GAZ** pour une cuisson à chaleur **ÉLEVÉE DIRECTE** (pages 15-16). Brosser et huiler la grille.

Griller les brochettes au-dessus d'une chaleur élevée 8 – 10 minutes au total, en les tournant souvent, jusqu'à ce qu'elles soient bien grillées de tous côtés et suffisamment cuites. Mettre le pain naan, pita ou lavash dans une zone à chaleur indirecte et griller environ 2 minutes pour le réchauffer.

Transférer les brochettes et le pain grillé sur un plateau. Servir avec la raïta, la relish au concombre, les tomates et les oignons grillés.

CÔTES DE VEAU MARINÉES AUX HERBES

RENDEMENT : 6 PORTIONS

Les côtes de veau grillées sont idéales pour une occasion spéciale. Dans cette recette, la saveur délicate du veau est rehaussée d'une marinade à l'huile d'olive et aux herbes méditerranéennes, avec une sauce demi-glace veloutée pour accompagner.

Pour préparer une demi-glace au romarin, dans une petite casserole à feu vif, combiner le vin et 1 tasse (8 oz liq./250 ml) d'eau et porter à ébullition. Retirer du feu et incorporer la demi-glace en fouettant pour obtenir un mélange lisse. Mettre la casserole sur un feu doux, ajouter les 3 tiges de romarin et de thym et laisser mijoter 10-15 minutes pour réduire légèrement. Filtrer dans un tamis au-dessus d'une autre petite casserole ; jeter les herbes. Tenir la demi-glace au chaud sur la cuisinière.

Dans un petit bol, combiner l'huile, le romarin et le thym hachés. Mettre les côtes de veau dans un plat peu profond et assaisonner généreusement de sel et de poivre. Verser l'huile aux herbes sur la viande et tourner pour l'enduire d'huile. Couvrir et laisser reposer 10 – 15 minutes.

Préparer un gril au **CHARBON DE BOIS** ou au **GAZ** pour une cuisson à chaleur **MOYENNE-ÉLEVÉE DIRECTE** (pages 15-16). Brosser et huiler la grille.

Griller les côtes de veau directement au-dessus d'une chaleur moyenne-élevée 4 – 6 minutes par côté, en les tournant une fois, jusqu'à ce qu'elles soient bien marquées et colorées. Déplacer les côtes vers une zone à chaleur indirecte, fermer le couvercle et griller jusqu'à ce qu'elles soient fermes au toucher et cuites à votre goût.

Transférer les côtes de veau sur un grand plateau de service, couvrir d'une tente d'aluminium et laisser reposer 5 minutes.

Réchauffer la demi-glace au besoin. Ajouter les cubes de beurre à la demi-glace, un à la fois, en fouettant après chaque addition. Verser les jus de viande accumulés dans la demi-glace en les filtrant au préalable.

Garnir les côtes de tiges de romarin et de thym et napper de sauce ou servir les côtes à table avec la sauce en saucière.

vin rouge : 1 tasse (8 oz liq./250 ml)

demi-glace de veau : ¼ tasse (2 oz liq./60 ml)

romarin frais : 3 tiges plus 2 c. à soupe, haché grossièrement, et des tiges pour garnir

thym frais : 3 tiges plus 2 c. à soupe, haché grossièrement, et des tiges pour garnir

huile d'olive : ¼ tasse (2 oz liq./60 ml)

côtes de veau : 6, d'une épaisseur de 1 po (2,5 cm)

sel et poivre moulu

beurre non salé : 1-2 c. à soupe, froid, en cubes

RENDEMENT : 6 PORTIONS

CARRÉ D'AGNEAU AUX ÉPICES MAROCAINES

Couscous aux herbes (page 267)

ail : 3 gousses

sel et poivre concassé

huile d'olive : ½ tasse (4 oz liq./125 ml)

beurre non salé : ½ tasse (4 oz/125 g)

échalote : 1 moyenne, émincée

zeste et jus d'un citron

menthe fraîche : ½ tasse (¾ oz/20 g), émincée, plus des feuilles pour garnir

thym frais : 1 c. à soupe, émincé, ou 2 c. à thé de thym séché

cumin et coriandre moulus : 1 c. à thé chacun

carrés d'agneau : 2, 1¼-1½ lb (625-750 g) chacun, coupés en portions de 2-3 côtes

Le carré d'agneau comprend les côtes auxquelles se rattache le filet. Ce morceau tendre et savoureux ne devrait pas être réservé qu'aux fêtes ou aux menus des restaurants huppés. Apprêté simplement avec des fines herbes ou mariné rapidement pour l'humecter et l'aromatiser, le carré d'agneau grillé fait de tout repas une occasion spéciale.

À l'aide du côté plat d'un couteau de chef, écraser l'ail pour en faire une pâte en y ajoutant 1 c. à thé de sel. Pour préparer un beurre épicé, dans une petite casserole à feu moyen, chauffer l'huile et faire fondre le beurre jusqu'à ce que celui-ci ait cessé de mousser. Incorporer la pâte d'ail, l'échalote, le zeste de jus de citron, la menthe, le thym, le cumin et la coriandre. Réduire le feu à moyen-doux et cuire 3 – 4 minutes. Laisser tiédir.

Préparer un gril au **CHARBON DE BOIS** ou au **GAZ** pour une cuisson à chaleur **MOYENNE-ÉLEVÉE DIRECTE** (pages 15-16). Brosser et huiler la grille.

Assaisonner généreusement l'agneau de sel et de poivre et badigeonner avec le beurre épicé. Envelopper fermement les extrémités des os de l'agneau dans du papier d'aluminium robuste pour les empêcher de brûler sur le gril.

Faire griller l'agneau directement au-dessus d'une chaleur moyenne-élevée jusqu'à ce qu'il soit bien marqué de tous côtés. Transférer le carré d'agneau vers une zone à chaleur indirecte, fermer le couvercle et cuire 10 – 12 minutes, jusqu'à ce qu'il soit ferme au toucher ou cuit à votre goût.

Pour servir, trancher les carrés d'agneau entre les os pour faire des côtelettes. Disposer celles-ci sur le couscous. Arroser du beurre épicé restant et garnir de feuilles de menthe.

Volaille

POULET BARBECUE CLASSIQUE

RENDEMENT : 6 PORTIONS

Cette recette fait ressortir la distinction entre une cuisson à grillades et une cuisson barbecue. Cette dernière est une technique de cuisson lente à faible chaleur qui imprègne la viande d'un goût de fumée sur une plus longue période de temps.

Rincer les poulets à l'eau courante froide et éponger. Assaisonner généreusement avec le sel à frotter au chili. Détacher délicatement la peau de la poitrine et des cuisses avec les doigts et appliquer le sel à frotter sous la peau. Couvrir et réfrigérer 1 heure ou jusqu'au lendemain. Retirer du réfrigérateur 20 minutes avant la cuisson.

CHARBON DE BOIS : Racler les charbons vers les côtés et répartir quelques copeaux de bois sur ceux-ci. Mettre une lèchefrite au centre avec ½ po (12 mm) d'eau, y déposer le poulet, fermer le couvercle et cuire 60 - 75 min, jusqu'à ce que les jus qui s'écoulent soient clairs. Pour conserver chaleur et fumée, ajouter des charbons et copeaux aux 15 min. Placer ensuite le poulet au-dessus des charbons de bois redistribués. Napper de sauce et griller jusqu'à ce qu'il soit caramélisé.

GAZ : Régler un brûleur à haute intensité. Chauffer une boîte à fumée à demi remplie de copeaux de bois jusqu'à ce qu'une fumée se dégage ; réduire le feu à moyen doux. Mettre une lèchefrite avec ½ po (12 mm) d'eau au-dessus des brûleurs et y déposer le poulet, fermer le couvercle et cuire 60-75 min, jusqu'à ce que les jus s'écoulant de la cuisse lorsqu'on la pique soient clairs. Ajouter les copeaux aux 15 min pour entretenir la fumée. Retirer la lèchefrite. Remettre le poulet sur le gril, badigeonner de sauce et griller jusqu'à ce qu'il soit caramélisé.

Préparer un gril au **CHARBON DE BOIS** ou au **GAZ** pour une cuisson à chaleur **MOYENNE-FAIBLE INDIRECTE** (pages 15-16). Brosser et huiler la grille

Transférer le poulet sur une planche à découper, couvrir d'une tente d'aluminium et laisser reposer 10 minutes. Transférer sur un plateau et servir immédiatement avec la sauce barbecue en accompagnement.

Sel à frotter au chili (page 245)

Sauce barbecue de base (page 231) ou Sauce barbecue à la mélasse (page 231) : ⅔ tasse (5 oz liq./160 ml), et un peu plus pour servir

poulets à frire : 2, environ 3½ lb (1,75 kg) chacun, le cou, les abattis et les pointes des ailes enlevés, coupés en deux

copeaux ou morceaux de bois tels que mesquite, hickory ou pommier : 1-3 lb (500 g - 1,5 kg), trempés pendant 30 minutes

POULET BARBECUE EN FILAMENTS

RENDEMENT : 4 – 6 PORTIONS

Le poulet barbecue en filaments peut être utilisé dans les sandwichs, les quesadillas ou même les salades au poulet. Lorsque cuit, la viande est retirée des os en filaments et apprêtée avec une sauce barbecue.

Rincer l'intérieur et l'extérieur du poulet à l'eau courante froide et éponger. Assaisonner généreusement l'intérieur et l'extérieur avec du sel. Détacher délicatement la peau de la poitrine et des cuisses avec les doigts. Appliquer le sel à frotter sous la peau et sur tout l'extérieur. Farcir la cavité avec l'oignon et les fines herbes. Brider le poulet et mettre dans un plat à rôtir jetable en aluminium. Couvrir et réfrigérer 1 heure ou jusqu'au lendemain. Retirer du réfrigérateur 2 minutes avant la cuisson.

Préparer un gril au **CHARBON DE BOIS** ou au **GAZ** pour une cuisson à chaleur **MOYENNE-FAIBLE INDIRECTE** (pages 15-16). Brosser et huiler la grille.

CHARBON DE BOIS : Racler les charbons vers les côtés du gril et mettre une lèchefrite au centre avec ½ po (12 mm) d'eau. Répartir la moitié des copeaux de bois sur les charbons. Mettre le poulet sur la grille de la lèchefrite, fermer le couvercle et cuire 75 - 90 min, jusqu'à ce que les jus s'écoulant de la cuisse lorsqu'on la pique soient clairs. Ajouter charbons et copeaux aux 15 min pour conserver chaleur et fumée; ajouter un peu d'eau dans la lèchefrite, si nécessaire.

GAZ : Régler un brûleur à haute intensité. Chauffer une boîte à fumée à demi remplie de copeaux jusqu'à ce qu'une fumée se dégage ; réduire le feu à moyen doux. Placer une lèchefrite avec ½ po (12 mm) d'eau au-dessus des brûleurs et y déposer le poulet, fermer le couvercle et cuire 60-75 min, jusqu'à ce que les jus s'écoulant de la cuisse lorsqu'on la pique soient clairs. Ajouter les copeaux aux 30 min pour entretenir la fumée ; ajouter un peu d'eau dans la lèchefrite, si nécessaire.

Insérer un thermomètre à lecture instantanée dans la partie la plus charnue de la cuisse loin des os ; la température doit atteindre 170°F (77°F). Transférer le poulet sur une planche à couper, couvrir d'une tente d'aluminium et laisser reposer 10 minutes avant de retirer la viande des os.

Sel à frotter au chili (page 245)

Sauce barbecue de base (page 231)

poulet : 1, 3½-4 lb (1,75-2 kg), le cou, les abattis et les pointes des ailes enlevés

sel et poivre

oignon jaune : 1, coupé en quartiers

fines herbes fraîches telles que romarin, sauge et/ou thym : 5-10 tiges

copeaux ou morceaux de bois dur : 1-3 lb (500-1500 g), trempés pendant 30 minutes

RENDEMENT : 6 PORTIONS

POULET JERK, CHUTNEY DE FRUITS À NOYAU

Marinade Jerk (page 241)

Chutney de fruits à noyau (page 265)

cuisses et hauts de cuisse de poulet : 6

ketchup aux tomates : ¼ tasse (2 oz/60 g)

sauce soya : 2 c. à soupe

vinaigre de malt : 3 c. à soupe

copeaux ou morceaux de bois d'arbres fruitiers : 1-2 lb (500 g-1 kg), trempés pendant 30 minutes

La marinade aigre-douce de ce poulet jamaïcain est également la base d'une sauce à badigeonner pour la cuisson. Le fait de mariner le poulet toute une nuit permet aux saveurs de pénétrer la viande.

Rincer le poulet à l'eau courante froide et éponger. Disposer en une couche dans un plat à rôtir. Verser les deux tiers de la marinade Jerk sur le poulet et tourner pour l'enduire de marinade. Réserver le reste de la marinade. Couvrir et réfrigérer jusqu'à 4-5 heures ou jusqu'au lendemain, en tournant à l'occasion.

Pour préparer la sauce barbecue, mélanger le reste de la marinade, le ketchup, la sauce soya et le vinaigre et réserver.

Préparer un gril au **CHARBON DE BOIS** ou au **GAZ** pour une cuisson à chaleur **MOYENNE INDIRECTE** (pages 15-16). Brosser et huiler la grille.

CHARBON DE BOIS : Racler les charbons de bois vers les côtés, répartir un tiers des copeaux de bois sur ceux-ci et mettre une lèchefrite au centre avec ½ po (12 mm) d'eau. Mettre le poulet sur la grille de la lèchefrite. Fermer et cuire 20 - 30 min, en tournant une fois, jusqu'à ce que le poulet soit doré. Placer ensuite le poulet au-dessus des charbons de bois redistribués et napper avec la sauce barbecue. Griller 5 – 10 min de plus, en tournant et en badigeonnant souvent, jusqu'à ce que le poulet soit doré de tous côtés.

GAZ : Régler un brûleur à haute intensité. Chauffer une boîte à fumée à demi remplie de copeaux de bois jusqu'à ce qu'une fumée se dégage ; réduire le feu à moyen doux. Mettre le poulet dans une lèchefrite avec ½ po (12 mm) d'eau, au-dessus des brûleurs. Fermer le couvercle et cuire 20 – 30 min, en tournant une fois, jusqu'à ce que le poulet soit doré. Déplacer-le vers la chaleur moyenne et napper de sauce barbecue. Griller 5 – 10 min de plus, en tournant et badigeonnant souvent, jusqu'à ce que le poulet soit doré de tous côtés.

Transférer sur un plateau et servir immédiatement, avec le chutney en accompagnement.

RENDEMENT : 4 – 6 PORTIONS

HAUTS DE CUISSE DE POULET, SAUCE DIAVOLO

vinaigre de cidre : ¼ tasse (2 oz liq./60 ml)

paprika : 2 c. à soupe

poivre de Cayenne et ail granulé : 1 c. à soupe chacun

gros sel : 1 c. à soupe

poivre concassé : 1 c. à soupe

chili en poudre : 2 c. à thé

pâte de piment thaïe ou flocons de piment fort : 1 c. à thé

sauce au piment fort : 1 c. à thé

hauts de cuisse de poulet avec os : 3 lb (1,5 kg) ou 2 lb (1 kg) de hauts de cuisse désossés

copeaux de bois : 1 ou 2 poignées, trempés pendant 30 minutes

Cette recette peut créer une forte dépendance. Même si elle n'atteint pas la popularité des poitrines de poulet, la viande des hauts de cuisse est considérée par plusieurs comme la partie la plus savoureuse du poulet.

Dans un bol en acier inoxydable ou en verre, préparer la sauce en combinant le vinaigre, les épices, l'ail, la pâte de piment et la sauce au piment fort. Ajouter ½ tasse (4 oz liq./125 ml) d'eau et fouetter vigoureusement pour dissoudre le sel et l'ail granulé. Rectifier l'assaisonnement ; la sauce doit être d'un rouge vif et très épicée. Verser la moitié de la sauce dans un petit bol de service et réserver.

Rincer le poulet à l'eau courante froide et éponger. À l'aide d'un couteau aiguisé, faire des incisions en plusieurs endroits jusqu'à l'os pour exposer la chair. Mettre le poulet dans un grand plat à rôtir jetable en aluminium, verser la sauce restante par-dessus et tourner pour l'enduire de sauce. Couvrir et réfrigérer au moins 1 heure ou jusqu'à 4 heures Retirer du réfrigérateur 10 minutes avant la cuisson.

Préparer un gril au **CHARBON DE BOIS** ou au **GAZ** pour une cuisson à chaleur **MOYENNE INDIRECTE** (pages 15-16). Retirer le poulet de la marinade et réserver celle-ci.

CHARBON DE BOIS : Répartir les copeaux de bois sur les charbons. Mettre le plat avec les hauts de cuisse du côté moins chaud du gril, fermer le couvercle et cuire environ 30 min jusqu'à ce qu'ils soient cuits. Transférer-les sur la grille au-dessus des charbons, napper de marinade et griller 3 – 5 min de plus, en les tournant souvent, jusqu'à ce qu'ils soient bien dorés de tous les côtés.

GAZ : Régler un brûleur à haute intensité. Chauffer une boîte à fumée à demi remplie de copeaux de bois jusqu'à ce qu'une fumée se dégage ; réduire le feu à moyen doux. Déplacer les hauts de cuisse vers un brûleur éteint, fermer le couvercle et cuire 30 min jusqu'à entière cuisson. Procédez ensuite comme pour la cuisson au charbon de bois (ci-contre).

Transférer sur un plateau et servir immédiatement avec la sauce réservée en accompagnement.

AILES DE POULET, SAUCE JALAPEÑO

RENDEMENT : 6 PORTIONS

Soyez prêt à faire une deuxième et même une troisième fournée de ces ailes épicées qui ont tendance à « s'envoler ». Les enfants de tous âges en raffolent. Arrosez-les d'une limonade pétillante à la menthe (page 218) ou d'un cocktail Arnold Palmer (page 225).

beurre non salé : 4 c. à soupe (2 oz/60 g)

gelée de piment Jalapeño ou gelée de piment : ¼ tasse (2½ oz/75 g)

miel ou sirop d'agave léger : 2 c. à soupe

piments Jalapeño : 2, épépinés et hachés finement ou 1 boîte (4 oz/125 g) de piments chili rôtis sur le feu, égouttés et hachés finement

ail granulé : 1 c. à thé

paprika : ½ c. à thé

chili en poudre : ½ c. à thé

poivre de Cayenne : ½ c. à thé

gros sel et poivre moulu

ailes de poulet : 3 lb (1,5 kg), environ 30, coupées à la jointure, les pointes retirées

Préchauffer le gril du four. Tapisser une plaque à pâtisserie de papier d'aluminium.

Dans une petite casserole à feu moyen, faire fondre le beurre. Incorporer la gelée de piment Jalapeño, le miel, les piments chili, l'ail granulé, le paprika, le chili en poudre, le poivre de Cayenne et une pincée de sel et de poivre. Tenir au chaud sur la cuisinière.

Rincer les ailes de poulet à l'eau courante froide et éponger avec un essuie-tout. En travaillant par petites quantités, disposer les ailes en une couche sur la plaque à pâtisserie. Passer sous le gril 10 – 15 minutes, en les tournant une fois, jusqu'à ce qu'elles soient légèrement dorées et cuites.

Préparer un gril au **CHARBON DE BOIS** ou au **GAZ** pour une cuisson à chaleur **MOYENNE-ÉLEVÉE DIRECTE** (pages 15-16). Brosser et huiler la grille.

Griller les ailes directement au-dessus de la chaleur moyenne-élevée 4 – 5 minutes, en les tournant à l'occasion, jusqu'à ce qu'elles soient très colorées avec des marques de grillade de tous côtés.

Dans un grand bol, combiner les ailes de poulet et le mélange au piment Jalapeño et mélanger pour les enduire d'épices. Transférer sur une assiette de service et servir immédiatement.

AILES DE POULET AU POIVRE NOIR

RENDEMENT : 4 – 6 PORTIONS

huile végétale pour badigeonner

ailes de poulet : environ 24, 2-2½ lb (1-1,25 kg), coupées à la jointure, les pointes retirées

gros sel et poivre concassé

mayonnaise : ¼ tasse (2 oz liq./60 ml)

babeurre : ¼ tasse (2 oz liq./60 ml)

sauce au piment fort

Sauce barbecue de base (page 231), Glace à la moutarde (page 246), Glace au soja (page 248) ou Glace au miel épicé (page 246) : 1 tasse (8 oz liq./250 ml)

Les ailes de poulet sont un des aliments à manger avec les doigts qui convient le mieux à une cuisson sur le gril. Amusantes à déguster et faciles à préparer, on peut les agrémenter d'innombrables épices et sauces. Pour recevoir des amis à l'improviste, gardez une réserve d'ailes de poulet surgelées et augmentez le temps de cuisson de 10 minutes.

Positionner la grille du four à 4 po (10 cm) de l'élément du gril et préchauffer celui-ci. Tapisser une plaque à pâtisserie de papier d'aluminium robuste et huiler légèrement.

Rincer les ailes de poulet à l'eau courante froide et éponger avec un essuie-tout. Disposer les ailes en une couche sur la plaque préparée et assaisonner généreusement de sel et de poivre. Passer sous le gril environ 15 minutes au total, en tournant une fois, jusqu'à ce qu'elles soient légèrement dorées et cuites. Laisser tiédir sur la plaque.

Dans un bol, combiner la mayonnaise et le babeurre. Incorporer 1 c. à thé de sel, 1 c. à soupe de poivre et un filet de sauce au piment fort. Ajouter les ailes et mélanger pour les enduire de sauce.

Préparer un gril au **CHARBON DE BOIS** ou au **GAZ** pour une cuisson à chaleur **MOYENNE-ÉLEVÉE DIRECTE** (pages 15-16). Brosser et huiler la grille.

En travaillant par petites quantités au besoin pour ne pas surcharger la grille, griller les ailes directement au-dessus de la chaleur moyenne-élevée 4 – 5 minutes par côté, en tournant une fois, jusqu'à ce que la peau soit légèrement noircie et croustillante. Déplacer les ailes vers l'extrémité du gril où la chaleur est moins intense, badigeonner de sauce barbecue ou de glace et griller 15 – 20 minutes jusqu'à tendreté.

Transférer les ailes sur un plateau et servir immédiatement avec la sauce ou glace restante.

RENDEMENT : 4 PORTIONS

POITRINE DE POULET SPIEDINI

Sauce à tremper au basilic et à l'ail vert (page 237)

huile d'olive : ¼ tasse (2 oz liq./60 ml)

romarin et origan ou marjolaine frais : 1 c. à soupe chacun, haché

gros sel et poivre moulu

poitrines de poulet désossées sans la peau : 2½ lb (1,25 kg)

pinot grigio ou autre vin blanc sec : ¼ tasse (2 oz liq./60 ml)

oignon : 1, coupé en morceaux de 1 po (2,5 cm)

poivron rouge et vert : 1 chacun, épépinés et coupés en morceaux de 1 po (2,5 cm)

tomates cerises : 8

brochettes métalliques longues et plates : 8

Voici une recette de brochettes de poulet et de légumes à l'italienne. La sauce à tremper est à son meilleur dans l'heure qui suit la préparation mais on peut la couvrir de façon hermétique et la réfrigérer jusqu'à 2 jours.

Pour préparer l'huile aux herbes, dans un petit bol, combiner l'huile, le romarin, l'origan, 1 c. à thé de sel et 1 c. à thé de poivre. Réserver.

Rincer le poulet à l'eau courante froide et éponger. À l'aide d'un couteau à désosser aiguisé, couper des escalopes de part et d'autre de la poitrine de poulet et les couper en deux sur la largeur. Couper le poulet de biais en tranches de ½ po (12 mm). Mettre le poulet dans un bol non réactif (acier inoxydable ou verre) et assaisonner de sel et de poivre. Ajouter le vin et la moitié de l'huile aux herbes et tourner pour enduire. Couvrir et laisser reposer 10 – 15 minutes à température de la pièce ou réfrigérer 1 – 4 heures. Retirer du réfrigérateur 20 minutes avant la cuisson.

Pour assembler les brochettes, embrocher les tranches de poulet et les morceaux d'oignon et de poivron en alternance (chaque brochette devrait avoir 4 tranches de poulet). Embrocher une tomate cerise à l'extrémité de chaque brochette.

Préparer un gril au **CHARBON DE BOIS** ou au **GAZ** pour une cuisson à chaleur **MOYENNE-ÉLEVÉE DIRECTE** (pages 15-16). Brosser et huiler la grille.

Griller les brochettes directement au-dessus de la chaleur moyenne-élevée 8 – 12 minutes au total, en les tournant souvent. Badigeonner avec l'huile aux herbes réservée jusqu'à ce que le poulet soit cuit et les légumes joliment colorés.

Transférer les brochettes spiedini dans des assiettes individuelles ou sur un grand plateau et arroser de sauce à tremper au basilic et à l'ail vert. Servir immédiatement.

RENDEMENT : 6 PORTIONS

POULET YAKITORI, SAUCE AU MIEL

SAUCE AU MIEL

sauce soya : ½ tasse (4 oz liq./125 ml)

mirin ou autre vin de riz : ¼ tasse (2 oz liq./60 ml)

saké : ¼ tasse (2 oz liq./60 ml)

miel : 3 c. à soupe

ail : 2 gousses, émincées

gingembre frais : 2 c. à soupe, pelé et râpé

oignons verts : 2, les parties blanches et vertes, hachés finement

laitue iceberg : ½ pomme, évidée et râpée (facultatif)

hauts de cuisse de poulet désossés sans la peau : 2½ lb (1,25 kg)

sel

huile de sésame pour badigeonner

brochettes de bambou : 24

La tradition culinaire japonaise regorge de grillades délicieuses. Le poulet yakitori incarne la simplicité japonaise en matière de grillades. De petites quantités de poulet provenant du haut de la cuisse sont cuites rapidement à feu très vif et servies avec une sauce à tremper.

Pour préparer la sauce au miel, dans une petite casserole à feu vif, combiner la sauce soya, le mirin, le saké, le miel, l'ail, le gingembre et les oignons verts et porter à ébullition. Réduire le feu à moyen et laisser mijoter environ 10 minutes jusqu'à ce que le mélange épaississe légèrement et devienne luisant. Filtrer au-dessus d'un bol, couvrir et réfrigérer jusqu'à l'usage.

Au centre d'un plateau de service, faire un monticule avec la laitue, le cas échéant ; réserver.

Rincer le poulet à l'eau courante froide et éponger avec un essuie-tout. À l'aide d'un couteau aiguisé, couper chaque haut de cuisse en trois lanières d'environ ½ po (12 mm) d'un longueur de 2 po (5 cm). Embrocher 3 ou 4 morceaux de poulet sur chaque brochette trempée sans surcharger. Assaisonner légèrement de sel et badigeonner légèrement d'huile.

Préparer un gril au **CHARBON DE BOIS** ou au **GAZ** pour une cuisson à chaleur **ÉLEVÉE DIRECTE** (pages 15-16). Brosser et huiler la grille.

Griller les brochettes directement au-dessus de la chaleur élevée 3 – 4 minutes par côté, en tournant une fois, jusqu'à ce qu'elles soient bien marquées et cuites.

Disposer les brochettes sur un plateau garni de laitue, le cas échéant. Arroser d'un peu de sauce au miel. Servir immédiatement avec le reste de la sauce en accompagnement.

POULET SOUS LA BRIQUE

RENDEMENT : 4 PORTIONS

Obtenez un poulet croustillant à souhait à tous coups grâce à cette méthode de cuisson. La brique aplatit le poulet pour assurer de bonnes marques de grillade. Si vous n'avez pas de brique, utilisez une poêle en fonte.

graines de fenouil : 1 c. à soupe

grains de poivre blanc : 1 c. à soupe

citrons : 1

sauge fraîche : 2 c. à soupe, hachée finement ou 1 c. à soupe de sauge séchée

thym frais : 1 c. à soupe, haché grossièrement ou 2 c. à thé de thym séché

ail granulé : 1 c. à soupe

chili en poudre : ½ c. à thé

gros sel

jeune poulet :
1, 3½-4 lb (1,75-2 kg), le cou, les abattis et les pointes des ailes enlevés, en crapaudine

huile d'olive ou gras de canard pour badigeonner

Dans une poêle sèche à feu moyen, griller les graines de fenouil et grains de poivre 3 – 4 minutes jusqu'à ce qu'un arôme se dégage. Transférer et laisser refroidir complètement. Réduire en poudre les épices à l'aide d'un moulin à épices ou un mélangeur.

Râper le citron, couper-le en deux et réserver. Dans un petit bol, combiner : zeste, épices grillées, sauge, thym, ail granulé, chili en poudre et 1 c. à soupe de sel.

Rincer le poulet à l'eau courante froide et éponger. Mettre le poulet dans un grand plat à rôtir. Frotter le poulet de tous côtés avec le mélange aux épices et aux herbes ; réserver l'excédent pour assaisonner le poulet juste avant de le griller. Couvrir et réfrigérer au moins 1 heure ou jusqu'au lendemain. Retirer du réfrigérateur 30 minutes avant la cuisson et éponger.

Préparer un gril au **CHARBON DE BOIS** ou au **GAZ** pour une cuisson à chaleur **MOYENNE-ÉLEVÉE INDIRECTE** (pages 15-16). Envelopper une brique dans deux feuilles de papier d'aluminium robuste et préchauffer au-dessus de la chaleur la plus intense du gril. Brosser et huiler la grille.

Presser le jus des moitiés de citron réservées au-dessus du poulet et badigeonner ce dernier d'huile. Assaisonner avec le reste du mélange aux épices et aux herbes.

Mettre le poulet dans la partie moins chaude du gril, la peau vers le bas. Déposer la brique par-dessus, fermer le couvercle et cuire 8 – 10 min jusqu'à l'apparition de marques de grillade. Retirer la brique et déplacer le poulet directement au-dessus de la chaleur la plus intense, la peau vers le bas. Remettre la brique, fermer le couvercle et cuire 10 - 12 min jusqu'à ce qu'il soit bien grillé. Tourner le poulet, remettre la brique et griller 15 – 20 min de plus jusqu'à ce que le jus qui s'écoule de la cuisse soit clair.

Transférer le poulet sur une planche à couper, couvrir d'une tente d'aluminium et laisser reposer 5 – 10 minutes avant de le découper et de le servir.

POULET SAUMURÉ AU BABEURRE

RENDEMENT : 4 – 6 PORTIONS

Les poitrines de poulet ont tendance à sécher sur le gril mais l'acidité de la saumure au babeurre agit comme attendrisseur et permet aux poitrines de poulet de retenir leur humidité. Servez avec des Pommes de terre fingerling (page 204) ou une Salade panzanella (page 87).

poitrines de poulet avec dos : 4 ou 1 poulet d'environ 3½ lb (1,75 kg) coupé en 8 morceaux

gros sel et poivre moulu

thym frais : 1 c. à soupe, haché grossièrement

babeurre : 4 tasses (32 oz liq./1 litre)

beurre non salé pour badigeonner : fondu

Rincer le poulet à l'eau courante froide et éponger avec un essuie-tout.

Mettre les poitrines de poulet dans un grand bol et assaisonner de sel, de poivre et de thym. Ajouter le babeurre et tourner le poulet pour bien l'enduire de babeurre ; le poulet doit être complètement submergé. Couvrir et réfrigérer au moins 8 heures ou jusqu'au lendemain.

Retirer le poulet du babeurre et éponger ; jeter le jus de citron. Remettre le poulet. Badigeonner la peau de beurre fondu et assaisonner généreusement de sel et de poivre.

Préparer un gril au **CHARBON DE BOIS** ou au **GAZ** pour une cuisson à chaleur **MOYENNE-ÉLEVÉE DIRECTE** (pages 15-16). Brosser et huiler la grille. Garder un plat à rôtir en aluminium à proximité.

Mettre les poitrines de poulet directement au-dessus de la chaleur moyenne-élevée et griller 3 – 4 minutes, la peau vers le bas, jusqu'à ce que la peau soit bien marquée et commence à devenir croustillante. Transférer le poulet dans le plat en aluminium, la peau vers le haut. Mettre le plat à l'extrémité du gril où la chaleur est moins intense, fermer le couvercle et cuire 15 – 20 minutes de plus jusqu'à ce qu'il soit cuit.

Transférer les poitrines sur une planche à couper et couvrir d'une tente d'aluminium. Laisser reposer quelques minutes. À l'aide d'un couteau à désosser aiguisé, retrancher la viande des os et couper en diagonale en tranches de ¾ po (2 cm). Servir immédiatement.

RENDEMENT : 6 PORTIONS

POULET TANDOORI, RAÏTA À LA MENTHE

Raïta à la menthe (page 267)

poivre de Cayenne et paprika : 1½ c. à thé chacun

gros sel et poivre moulu

poitrines de poulet désossées sans la peau : 6

jus d'un citron

petit oignon : 1, haché finement

ail : 2 gousses

gingembre frais : 2 c. à soupe, pelé et haché

yogourt de lait entier à la grecque : ½ tasse (4 oz/125 g)

garam masala : 1 c. à thé

crème épaisse : ¼ tasse (2 oz liq./60 ml)

beurre non salé pour badigeonner : fondu

On peut simuler la saveur obtenue dans un four à tandoori indien en utilisant un gril au charbon de bois ou au gaz et une méthode en deux étapes. Le secret est la double marinade des poitrines de poulet : jus de citron d'abord, marinade au yogourt fortement épicée ensuite.

Dans un petit bol, préparer le sel à frotter en mélangeant ½ c. à thé de poivre de Cayenne, de paprika, de sel et de poivre.

Rincer le poulet à l'eau courante froide et éponger. Retrancher les filets des poitrines et réserver pour un autre usage. Déposer chaque poitrine de poulet entre deux feuilles de pellicule de plastique. À l'aide d'une poêle en fonte, battre légèrement la partie la plus épaisse de la poitrine pour l'aplatir. Mettre le poulet dans un grand bol non réactif (acier inoxydable ou verre) et assaisonner du sel à frotter en frictionnant la viande. Ajouter le jus de citron et tourner le poulet pour bien l'enduire de citron. Couvrir et réfrigérer 20 – 30 minutes.

Pour préparer la marinade : dans un robot culinaire, combiner l'oignon, l'ail et le gingembre. Pulser pour hacher finement. Ajouter le yogourt et les épices restantes et continuer d'actionner pour bien mélanger. Ajouter la crème épaisse, 1 c. à soupe à la fois, pour délayer la marinade.

Retirer le poulet du jus de citron et éponger ; jeter le jus de citron. Retourner le poulet dans le bol, ajouter la marinade et tourner le poulet pour bien l'enduire de marinade. Couvrir et réfrigérer 1 – 2 heures en tournant à l'occasion. Retirer du réfrigérateur 15 minutes avant la cuisson.

Préparer un gril au **CHARBON DE BOIS** ou au **GAZ** pour une cuisson à chaleur **MOYENNE-ÉLEVÉE DIRECTE** (pages 15-16). Brosser et huiler la grille. Retirer le poulet de la marinade en laissant s'égoutter l'excédent ; jeter la marinade.

Disposer les poitrines de poulet dans le même sens sur la grille. Griller au-dessus de la chaleur moyenne-élevée 2 – 3 min par côté, en tournant une fois, jusqu'à ce qu'il soit bien marqué et légèrement noirci. Déplacer le poulet vers l'extrémité du gril où la chaleur est moins intense et badigeonner de beurre fondu. Fermer le couvercle et griller 3 – 5 min de plus jusqu'à ce que le poulet soit ferme au toucher et cuit. Servir avec la raïta.

RENDEMENT : 4 PORTIONS

POULET RÔTISSERIE

romarin frais : 10-12 tiges

thym frais : 10-12 tiges

gros sel et poivre concassé

poulet à frire : 1, 3-3½ lb (1,5-1,75 kg), le cou et les abattis enlevés

copeaux de bois : 2 lb (1 kg), trempés pendant 30 minutes

Le romarin et le thym confèrent à ce poulet au tournebroche une saveur méditerranéenne indéniable. Vous pouvez varier le choix des fines herbes selon ce que vous avez sous la main ou dans le potager.

Hacher grossièrement les feuilles de 5 – 6 tiges de romarin et de thym, mélanger avec 1 c. à thé de sel et ½ c. à thé de poivre.

Saler et poivrer généreusement l'intérieur et l'extérieur du poulet. Détacher délicatement la peau de la poitrine et des cuisses et appliquer le mélange aux fines herbes sous la peau. Farcir la cavité avec le reste des fines herbes.

Préparer un gril au **CHARBON DE BOIS** ou au **GAZ** pour une cuisson **AU TOURNEBROCHE** à chaleur **MOYENNE-ÉLEVÉE** (pages 15-16).

CHARBON DE BOIS : Racler les charbons de bois vers les côtés et mettre une lèchefrite au centre et y ajouter ½ po (12 mm) d'eau. Répartir la moitié des copeaux sur les charbons. Embrocher le poulet sur le tournebroche, démarrer le moteur, fermer le couvercle et cuire 45-75 min, jusqu'à ce que la peau soit dorée et que les jus s'écoulant de la cuisse soient clairs. Renouveler les charbons et copeaux aux 20 min pour une température et une fumée constante.

GAZ : Régler un brûleur à haute intensité. Chauffer une boîte à fumée à demi remplie de copeaux de bois jusqu'à ce qu'une fumée se dégage ; réduire le feu à moyen doux. Procéder comme pour la cuisson au charbon de bois (ci-contre).

Tester la cuisson à l'aide d'un thermomètre à lecture instantanée inséré dans la partie la plus charnue de la cuisse sans toucher aux os ; la température devrait atteindre 170°F (77°C). Transférer le poulet sur une planche à couper et laisser reposer 10 min, sa température augmentera encore de plusieurs degrés. Déposer ensuite le poulet sur la planche à couper et découper devant les invités.

HAMBURGERS DE DINDE

RENDEMENT : 6 PORTIONS

Les hamburgers de dinde répondent à un instinct carnivore sans être bourratifs. Utilisez une dinde hachée à base de viande blanche et brune car la poitrine de dinde hachée est trop maigre pour le gril.

Mettre la dinde dans un grand bol et assaisonner généreusement de sel et de poivre. Ajouter le bouillon de poulet au besoin, 1 c. à soupe à la fois, pour humecter la viande. À l'aide des doigts mouillés, incorporer délicatement les assaisonnements et le bouillon dans la viande en procédant rapidement pour ne pas réchauffer celle-ci ni trop la mélanger.

Diviser le mélange à la dinde en six portions égales et façonner en galettes de ½ po (2 cm) d'un diamètre de 3¾-4 po (9-10 cm).

Mettre les galettes dans une assiette, couvrir et réfrigérer 30 minutes.

Préparer un gril au **CHARBON DE BOIS** ou au **GAZ** pour une cuisson à chaleur **MOYENNE-ÉLEVÉE DIRECTE** (pages 15-16). Brosser et huiler la grille.

Griller les galettes 2 – 3 minutes jusqu'à ce qu'elles soient bien marquées. Tourner, badigeonner de beurre aux herbes et griller 4 – 6 minutes de plus, jusqu'à ce qu'elles soient bien dorées et cuites. Badigeonner l'intérieur des pains avec le beurre fondu et griller 1 minute, le côté coupé vers le bas, jusqu'à ce qu'ils soient légèrement grillés. Tourner et griller 30 secondes de plus.

Servir les hamburgers de dinde sur les pains grillés garnis de laitue, de cornichons, de chutneys et de sauce barbecue, le cas échéant.

Beurre aux épices et aux herbes (page 252)

dinde hachée : 1½ lb (500 g)

sel et poivre moulu

bouillon de poulet : ¼ tasse (2 oz liq./60 ml)

pains sandwichs tels que pains empereur aux graines, pains ciabatta ou pains briochés : 6, coupés en deux, ou des tranches de pain blanc découpées en ronds avec un emporte-pièce

laitue iceberg ou romaine : ½ pomme, râpée

cornichons à l'aneth : tranchés, pour servir

Sauce barbecue de base (page 231), Chutney à la rhubarbe (page 264) et Chutney aux canneberges (page 264), pour servir (facultatif)

RENDEMENT : 8 – 10 PORTIONS

DINDE GRILLÉE

Saumure aux pommes et au bourbon (page 249)

Beurre aux épices et aux herbes (page 252)

Sauce brune campagnarde (page 267)

dinde entière fraîche : 1, 12-14 lb (6-7 kg), ou 1 dinde sauvage, le cou, les abattis et les pointes des ailes enlevés, la volaille parée

sel et poivre blanc moulu

carottes : 3 grosses, pelées et coupées en deux sur la longueur

céleri : 4 côtes

oignons jaunes : 2, pelés et coupés en quartiers

copeaux ou morceaux de bois : 1-2 lb, trempés pendant 30 minutes

Revisiter ce classique repas d'Action de grâce, préparé jadis sur feu de bois, tout en profitant de l'équipement et des techniques modernes pour rehausser le goût de ce volatile des grandes occasions.

Saumurer la dinde (page 58). Assaisonner l'intérieur et extérieur de la dinde avec le sel et le poivre blanc. En commençant par le cou, détacher délicatement la peau des poitrines et poursuivre par la cavité pour détacher celle des cuisses. Appliquer le beurre aux épices et aux herbes sous la peau ; appliquer le reste sur la peau. Brider la dinde.

Préparer un gril au **CHARBON DE BOIS** ou au **GAZ** pour une cuisson à chaleur **MOYENNE-FAIBLE INDIRECTE** (pages 15-16). Disposer les légumes et fines herbes réservées dans un grand plat à rôtir en aluminium et déposer ensuite la dinde.

CHARBON DE BOIS : Répartir la moitié des copeaux de bois sur les charbons. Mettre le plat sur la partie la moins chaude du gril, fermer le couvercle et cuire 2½ - 3½ h ou 12 – 15 min par livre jusqu'à ce que la peau soit dorée et que les jus qui s'écoulent soient clairs. Ajouter les charbons et copeaux et arroser la dinde avec son jus toutes les 30 minutes.

GAZ : Régler un brûleur à haute intensité. Chauffer une boîte à fumée à demi remplie de copeaux de bois jusqu'à ce qu'une fumée se dégage ; réduire le feu à moyen-doux. Mettre le plat avec la dinde et les légumes au-dessus d'un brûleur éteint. Poursuivre en suivant les indications de la cuisson au charbon de bois (ci-contre).

Pour tester la cuisson, insérer un thermomètre à lecture instantanée dans la partie la plus charnue de la cuisse sans toucher aux os ; la température devrait atteindre 170°F (77°C). La poitrine devrait atteindre au moins 155°F (68°C).

Transférer la dinde sur une planche à couper, couvrir d'une tente d'aluminium et laisser reposer 20-30 minutes. Découper et servir avec la sauce brune campagnarde en accompagnement.

FILETS DE DINDE FUMÉS

RENDEMENT 4 – 6 PORTIONS

Le filet de dinde est très maigre, ce qui convient bien à une cuisson à chaleur indirecte sur le gril.

Pour préparer le sel à frotter, verser les épices dans un moulin à épices et réduire en une poudre grossière. Incorporer le sel et réserver.

Rincer les filets à l'eau courante, éponger et déposer entre deux épaisseurs de pellicule de plastique. Aplatir avec le fond d'une poêle épaisse à une épaisseur de ¾ po (2 cm). Assaisonner avec la moitié du sel à frotter. Disposer les filets en une couche dans un plat non réactif (acier inoxydable ou verre) et y verser la saumure aux pommes. Couvrir et réfrigérer 1 h. Retirer la dinde de la saumure et éponger. Assaisonner avec le reste du sel à frotter.

Préparer un gril au **CHARBON DE BOIS** ou au **GAZ** pour une cuisson à chaleur **MOYENNE INDIRECTE** (pages 15-16). Brosser et huiler la grille.

CHARBON DE BOIS : Racler les charbons de bois vers les côtés du gril et mettre une lèchefrite au centre avec ½ po (12 mm) d'eau. Répartir la moitié des copeaux sur les charbons. Mettre les filets sur la grille de la lèchefrite, fermer le couvercle et cuire 15 – 20 min, en tournant à l'occasion. Ajouter les charbons et les copeaux toutes les 30 min. Retirer la lèchefrite et racler les charbons vers le centre. Mettre les filets au-dessus de la chaleur la plus intense, badigeonner de beurre fondu et griller 5 – 6 min de plus, en tournant une fois.

GAZ : Régler un brûleur à haute intensité. Chauffer une boîte à fumée remplie aux trois quarts de copeaux de bois jusqu'à ce qu'une fumée se dégage ; réduire le feu à moyen-doux. Mettre une lèchefrite avec ½ po (12 mm) d'eau au-dessus des brûleurs. Déposer les filets sur la grille de la lèchefrite, fermer le couvercle et cuire 15 - 20 min, en tournant à l'occasion. Ajouter les copeaux toutes les 30 min. Déplacer les filets au-dessus des brûleurs, enduire de beurre fondu et griller 5 – 6 min de plus, en tournant une fois.

Transférer les filets sur un plateau et servir avec le chutney aux canneberges.

Chutney aux canneberges (page 264)

Saumure aux pommes et au bourbon (page 249) : 1 tasse (8 oz liq./250 ml)

SEL À FROTTER

grains de poivre blanc : 1 c. à soupe, grillés

graines de fenouil : 1 c. à soupe, grillées

graines de coriandre : 1 c. à soupe, grillées

sel : 2 c. à soupe

filets de dinde : 4-5, 2½-3 lb (1,25-1,5 kg) au total, parés

beurre non salé pour badigeonner : fondu

copeaux ou morceaux de bois : 1 lb (500 g), trempés pendant 30 minutes

RENDEMENT : 6 – 8 PORTIONS

SALADE DE POITRINE DE DINDE FUMÉE

Sel à frotter à la cassonade et aux herbes (page 244)

Vinaigrette à la moutarde de Dijon (page 200)

poitrine de dinde désossée : 1, avec la peau, 3-4 lb (1,5-2 kg)

jus de pomme : 3 t. (24 oz liq./ 750 ml)

laitue Boston et laitue rouge à petites feuilles : 1 pomme, en morceaux

roquette : 2 tasses (2 oz/60 g)

chicorée frisée : 1 pomme, les parties blanches seulement

endives : 2, évidées, en julienne

radis : ½ tasse (4 oz/125 g), tranchés très finement

fromage gruyère : 1½ lb (750 g), sans la croûte, coupé en lanières

œufs : 6 – 8 gros, cuits dur, écaillés et coupés en quartiers

persil italien, ciboulette, marjolaine et estragon : ¼ tasse (⅓ oz/10 g), ciselés

copeaux ou morceaux de bois : 1-2 lb (500 g-1 kg), trempés pendant 30 minutes

La dinde fumée est délicieuse en sandwich, tartinée de Moutarde à la bière (page 263) ou de Confiture d'oignons caramélisés (page 265).

Éponger et mettre la poitrine, filet retranché, entre deux épaisseurs de pellicule de plastique. À l'aide d'une poêle épaisse, aplatir légèrement. Assaisonner de tous côtés y compris sous la peau avec la moitié du sel à frotter. Rouler pour faire une buche, la peau vers l'extérieur et ficeler. Mettre dans un plat profond en verre ou en acier inoxydable, y verser le jus de pomme et ajouter suffisamment d'eau pour submerger partiellement la dinde. Couvrir et réfrigérer 1 heure ou jusqu'au lendemain, en tournant à l'occasion. Retirer du liquide 10 min avant la cuisson et éponger ; jeter le liquide. Assaisonner avec le sel à frotter restant.

Préparer un gril au **CHARBON DE BOIS** ou au **GAZ** pour une cuisson à chaleur **MOYENNE INDIRECTE** (pages 15-16). Brosser et huiler la grille.

CHARBON DE BOIS : Racler les charbons de bois vers les côtés du gril et mettre une lèchefrite au centre avec ½ po (12 mm) d'eau. Répartir la moitié des copeaux de bois sur les charbons. Mettre la dinde sur la grille, fermer le couvercle et cuire 75 - 90 min jusqu'à ce qu'elle soit cuite. Renouveler les charbons de bois et les copeaux aux 30 min.

GAZ : Régler un brûleur à haute intensité. Chauffer une boîte à fumée à demi remplie de copeaux de bois jusqu'à ce qu'une fumée se dégage ; réduire le feu à moyen doux. Déposer la dinde sur la grille de la lèchefrite avec ½ po (12 mm) d'eau, au-dessus des brûleurs, fermer le couvercle et poursuivre en suivant les indications mentionnées ci-contre.

Pour tester la cuisson, insérer un thermomètre au centre de la poitrine ; la température devrait atteindre 170-175°F (77-80°C). Transférer la dinde sur une planche à couper, couvrir d'une tente d'aluminium et laisser reposer 20 - 30 min avant de servir.

Dans un bol, combiner les salades et la moitié de la vinaigrette à la moutarde de Dijon et mélanger pour enduire les ingrédients de vinaigrette. Répartir dans les assiettes de service et garnir des ingrédients restants. Arroser de vinaigrette et servir.

RENDEMENT : 4 PORTIONS

POITRINE DE CANARD GLACÉE À LA GRENADE

oranges sanguines : 4 ou 2 grosses oranges navel

jus de grenade concentré : ½ tasse (4 oz liq./125 ml)

sirop d'agave léger ou miel : 6 c. à soupe (3 oz liq./90 ml)

vinaigre balsamique : 1 c. à soupe

gros sel et poivre concassé

poitrines de canard désossées de type musqué ou Pékin, avec la peau : 4, 6-8 oz (185-250 g) chacune

pépins de grenade : ½ tasse (3 oz/90 g) (facultatif)

Le jus de grenade concentré est disponible dans les épiceries spécialisées et certaines boutiques gastronomiques. La peau de canard étant plutôt grasse, les poitrines sont d'abord sautées dans une poêle avant de les griller pour rendre une partie du gras.

À l'aide d'un couteau, peler les oranges puis les défaire en segments au-dessus d'une passoire déposée sur un bol. Laisser les segments dans la passoire pour égoutter ; réserver le jus. Dans une petite casserole, combiner 4 c. à soupe du jus d'orange réservé, le jus de grenade, le sirop d'agave, le vinaigre et une pincée de sel. Laisser mijoter à feu moyen 10 – 15 minutes jusqu'à ce que le mélange soit assez épais pour napper le dos d'une cuillère.

Éponger les poitrines de canard. À l'aide d'un couteau à désosser, parer les poitrines ; retrancher les tendons et les filets ; jeter ou réserver pour un autre usage. Faire des incisions croisées dans la peau sans couper la chair à des intervalles de ½ po (12 mm). Assaisonner généreusement les poitrines de sel et de poivre.

Préparer un gril au **CHARBON DE BOIS** ou au **GAZ** pour une cuisson à chaleur **MOYENNE-ÉLEVÉE DIRECTE** (pages 15-16). Préchauffer une poêle en fonte sur la cuisinière à feu moyen-vif 5 – 10 minutes jusqu'à ce qu'elle fume. En travaillant par petites quantités, mettre les poitrines de canard dans la poêle préchauffée, la peau vers le bas, et cuire 4 – 5 minutes jusqu'à ce qu'elles commencent à rendre leur gras. Transférer les poitrines dans un plat peu profond ; réserver le gras pour un autre usage. Verser la moitié de la glace à la grenade sur les poitrines et tourner celles-ci pour les enduire. Garder le reste de la glace.

Mettre le canard sur le gril, la peau vers le bas, directement au-dessus de la chaleur moyenne-élevée. Griller 4 – 5 minutes par côté pour une cuisson à point, en tournant une fois, jusqu'à ce qu'il soit doré et cuit au goût. Pendant les 2 dernières minutes de cuisson, badigeonner avec le reste de la marinade.

Transférer le canard sur un plateau, couvrir d'une tente d'aluminium et laisser reposer 5 minutes. Entre-temps, incorporer les segments d'orange et les pépins de grenade, le cas échéant, dans la glace réservée dans la casserole. Trancher les poitrines de canard contre le grain sur le biais. Disposer en éventail sur des assiettes individuelles et verser la glace par-dessus.

CANARD, SAUCE AU VIN ROUGE

RENDEMENT : 6 PORTIONS

Les cuisses de canard mijotées dans leur gras jusqu'à tendreté : voilà une des grandes contributions du sud-ouest de la France au monde culinaire. Ce plat accompagné de pommes de terre est digne d'un bistro à la mode tout en étant facile à préparer.

gros sel et poivre concassé

pommes de terre à pelure mince : 1½-2 lb (750 g - 1 kg)

gras de canard ou huile végétale : ¼ tasse (2 oz/60 g)

persil italien frais : 2-3 c. à soupe, ciselé

SAUCE AU VIN ROUGE

fines herbes fraîches telles que romarin, thym ou origan : 10 tiges

vin rouge charnu tel que cabernet sauvignon : 2-2½ tasses (16-20 oz liq./500-625 ml)

sauce demi-glace de veau ou de volaille : ¼ tasse (2 oz liq./60 ml)

vinaigre balsamique : 1-2 c. à soupe

échalotes : 2, émincées

ail : 2 gousses, émincées

sel et poivre

cuisses de canard confites : 6, parées

Porter à ébullition une marmite remplie d'eau aux trois quarts. Ajouter les pommes de terre et bouillir 10 – 12 min jusqu'à ce qu'elles soient tout juste cuites. Bien égoutter, laisser tiédir et trancher. Entre-temps, dans une petite casserole, à feu moyen, faire fondre le gras de canard 1 – 2 minutes. Dans un grand bol, combiner les tranches de pomme de terre et 1 – 2 c. à soupe du gras de canard et bien enduire. Assaisonner généreusement de sel et de poivre et mélanger avec le persil. Réserver.

Pour préparer la sauce au vin rouge, retirer les feuilles des tiges de fines herbes ; ciseler les feuilles et réserver les tiges. Porter le vin à ébullition. Réduire le feu pour faire mijoter et incorporer la sauce demi-glace, 1 c. à soupe à la fois, en fouettant. Ajouter les herbes ciselées, les tiges d'herbes, le vinaigre, les échalotes et l'ail et laisser mijoter 8 – 10 minutes, en remuant à l'occasion, jusqu'à ce que le mélange soit réduit du tiers. Filtrer dans un tamis fin au-dessus d'une petite casserole ; jeter les herbes. Rectifier l'assaisonnement en sel et poivre. Garder au chaud.

Préparer un gril au **CHARBON DE BOIS** ou au **GAZ** pour une cuisson à chaleur **MOYENNE-ÉLEVÉE DIRECTE** (pages 15-16). Brosser et huiler la grille avec du gras de canard.

Mettre les cuisses de canard sur le gril, le côté peau vers le bas, au-dessus de la chaleur moyenne-élevée. Griller 3 – 5 minutes par côté, en tournant une fois, jusqu'à l'apparition de marques de grillade. Déplacer les cuisses de canard vers l'extrémité du gril où la chaleur est moins intense pour les tenir au chaud. Griller les tranches de pomme de terre au-dessus de la chaleur la plus intense, en tournant à l'occasion, jusqu'à ce qu'elles soient légèrement bien dorées et mi-tendres, mi-croquantes.

Empiler les pommes de terre sur un plateau ou répartir parmi 6 assiettes individuelles. Ajouter les cuisses de canard grillées par-dessus et napper de sauce au vin rouge. Servir immédiatement.

CAILLES GLACÉES AU CIDRE

RENDEMENT : 4 PORTIONS

La meilleure façon de cuire les cailles et, qui plus est, la plus simple, est sur le gril, marinées simplement dans une glace au cidre et au balsamique, puis grillées rapidement à la perfection.

Pour préparer la glace au cidre, dans un bol, combiner le jus de pomme concentré, le sirop d'agave et le vinaigre. Verser la moitié de la glace dans un plat peu profond non réactif (acier inoxydable ou verre) assez grand pour accommoder les cailles en une couche. Verser le restant de la glace dans un petit bol et réserver.

Rincer l'intérieur et l'extérieur des cailles à l'eau courante froide et éponger. Préparer les cailles, en les déposant, poitrine vers le bas, sur une surface de travail. À l'aide de ciseaux de cuisine, tailler les pointes d'aile. Retrancher la colonne vertébrale des deux côtés, en commençant par la queue pour aboutir au cou ; jeter les os ou réserver pour un bouillon. Ouvrir la volaille comme un livre, en appuyant sur le sternum jusqu'à ce qu'il craque. Retourner la caille, la peau vers le bas, et utiliser un petit couteau pour retirer le cartilage entre les poitrines. Couper en deux au centre sur la longueur. Chaque moitié devrait comporter une cuisse, une poitrine et une aile.

Assaisonner les moitiés de caille de sel et de poivre. Mettre dans un plat avec la glace et tourner pour les enduire de glace. Couvrir et réfrigérer au moins 1 heure ou jusqu'à 4 heures.

Préparer un gril au **CHARBON DE BOIS** ou au **GAZ** pour une cuisson à chaleur **MOYENNE-ÉLEVÉE DIRECTE** (pages 15-16). Brosser la grille et huiler celle-ci avec du gras de canard.

Griller les cailles directement au-dessus de la chaleur moyenne-élevée 1 – 2 minutes jusqu'à ce qu'elles soient joliment colorées. Tourner et déplacer vers l'extrémité du gril où la chaleur est moins intense. Badigeonner avec le reste de la marinade, fermer le couvercle et griller 2 – 3 minutes de plus, jusqu'à ce que les cailles soient dorées et cuites. Servir en nappant avec la glace au cidre réservée.

GLACE AU CIDRE

jus de pomme concentré : ¼ tasse (2 oz liq./60 ml)

sirop d'agave léger ou miel : ¼ tasse (2 oz liq./60 ml)

vinaigre balsamique : 2 c. à soupe

cailles semi-désossées : 4, environ 1 lb (500 g) au total

gros sel et poivre moulu

gras de canard ou huile végétale : pour badigeonner

RENDEMENT : 4 PORTIONS

POULETS CORNISH, CHUTNEY À LA RHUBARBE

Chutney à la rhubarbe (page 264)

gros sel et poivre moulu : ¾ c. à thé chacun

romarin frais : 2 c. à soupe, haché, ou 1 c. à soupe de romarin séché

thym frais : 1 – 2 c. à soupe, haché, ou 1 c. à soupe de thym séché

poulets Cornish : 2

huile d'olive : ¼ tasse (2 oz liq./60 ml)

gras de canard ou huile végétale : pour badigeonner

copeaux ou morceaux de bois : 1 ou 2 poignées, trempés pendant 30 minutes

Pour préparer cette recette, profitez de la chaleur intense de la cuisson sur le gril et de sa fumée de bois pour saisir vivement la viande et produire un poulet Cornish croustillant et doré à souhait.

Dans un petit bol, combiner le sel, le poivre, le romarin et le thym.

Éponger les poulets. À l'aide de ciseaux de cuisine, tailler les pointes d'aile. Retrancher la colonne vertébrale de part et d'autre en commençant par la queue. Ouvrir la volaille comme un livre, en appuyant sur le sternum jusqu'à ce qu'il craque. Retourner la volaille et retirer le cartilage. Couper la volaille en deux sur la longueur.

Disposer les poulets dans un plat à rôtir peu profond. Assaisonner de tous côtés avec le mélange aux herbes et arroser d'huile pour les enduire.

Préparer un gril au **CHARBON DE BOIS** ou au **GAZ** pour une cuisson à chaleur **MOYENNE-ÉLEVÉE DIRECTE** (pages 15-16). Brosser la grille et huiler celle-ci avec du gras de canard.

CHARBON DE BOIS : Répartir les copeaux sur les charbons. Griller les poulets au-dessus de la chaleur la plus intense 7 – 9 min, peau vers le bas, jusqu'à ce que les jus de cuisson montent à la surface. Tourner et griller 4 – 5 min jusqu'à ce qu'ils soient fermes au toucher. Déplacer vers une zone de chaleur moins intense, fermer le couvercle et griller 10 min de plus pour qu'ils soient bien dorés.

GAZ : Régler un brûleur à haute intensité. Chauffer une boîte à fumée à demi remplie de copeaux de bois jusqu'à ce qu'une fumée se dégage ; réduire le feu à moyen doux. Procéder ensuite comme pour la cuisson au charbon de bois (ci-contre).

Insérer un thermomètre dans la partie la plus charnue de la cuisse ; la température devrait atteindre 160°F (71°C). Transférer sur un plateau et couvrir d'une tente d'aluminium. Laisser reposer 10 min, servir avec un chutney à la rhubarbe.

Poissons • Crustacés

RENDEMENT : 4 PORTIONS

SAUMON GLACÉ AU MISO

GLACE AU MISO

miso léger : ⅓ tasse (3 oz liq/80 ml)

mirin ou saké : ¼ tasse (2 oz liq./60 ml)

sirop d'agave léger ou miel : 3 c. à soupe

cassonade pâle : 1 c. à soupe, bien tassée

sauce soya : 1 c. à soupe

sel et poivre moulu

oignons verts : 12-14, parés, y compris 2 po (5 cm) des parties vert tendre

huile végétale pour badigeonner

filets de saumon sauvage avec la peau : 4, environ 3-4 oz (90-125 g) chacun, d'une épaisseur de ¾-1 po (2-2,5 cm), les arêtes enlevées

Le saumon est à son meilleur lorsqu'il n'est pas complètement cuit et encore rose au centre. Si la chaleur est trop forte, déplacez les filets vers une zone de chaleur moins intense, badigeonnez de glace au miso et terminez la cuisson. Pour ajouter du goût, servez avec une cuillérée de Beurre au wasabi (page 253).

Pour préparer la glace au miso, dans une petite casserole à feu moyen-doux, combiner le miso, le mirin, le sirop d'agave, la cassonade et la sauce soya en fouettant jusqu'à dissolution du sucre. Cuire 3 – 4 minutes jusqu'à ce que la sauce réduise quelque peu et nappe le dos d'une cuillère. Assaisonner de sel et de poivre. Laisser refroidir.

Préparer un gril au **CHARBON DE BOIS** ou au **GAZ** pour une cuisson à chaleur **MOYENNE-ÉLEVÉE DIRECTE** (pages 15-16). Brosser et huiler la grille.

Badigeonner les oignons verts d'huile. Badigeonner les filets de saumon de glace au miso. Griller le saumon directement au-dessus de la chaleur moyenne-élevée 4 – 6 minutes au total, en tournant souvent et en terminant la peau vers le bas, jusqu'à ce qu'il soit bien marqué et caramélisé. Pendant les dernières minutes de cuisson, griller les oignons verts directement au-dessus de la chaleur moyenne-élevée, en tournant souvent, jusqu'à ce qu'ils soient bien marqués et légèrement flétris.

Transférer le saumon dans des assiettes chaudes et disposer les oignons verts par-dessus. Servir immédiatement.

BAR ENVELOPPÉ DANS DES FEUILLES DE BANANIER

RENDEMENT : 4 PORTIONS

Le* tikin xik *est une ancienne recette du Yucatán pour griller le poisson. Vous trouverez la sauce* recado rojo *préparée, des feuilles de bananier fraîches et de l'épazote dans les marchés mexicains et sud-américains.

Mettre la sauce *recado rojo* dans un plat de cuisson. Ajouter les filets de bar et assez d'eau pour submerger le poisson. Couvrir et réfrigérer 30 minutes.

Retrancher toute partie décolorée des feuilles de bananier. Couper les feuilles en carrés de 12 sur 14 po (30 sur 35 cm). Dans une poêle sèche à feu vif, chauffer les carrés pour les attendrir et les rendre malléables. Disposer les feuilles de bananier sur une surface de travail et badigeonner de beurre le centre de chacune.

Retirer le poisson de la marinade et éponger avec un essuie-tout; jeter la marinade. Mettre un filet de poisson au centre de chaque feuille et le badigeonner de beurre. Assaisonner de sel et de poivre. Garnir chaque filet d'une tranche de tomate, d'une tranche d'oignon et d'une tige d'épazote. Envelopper chaque filet dans la feuille en pliant les extrémités pour sceller l'emballage.

Préparer un gril au **CHARBON DE BOIS** ou au **GAZ** pour une cuisson à chaleur **MOYENNE-ÉLEVÉE INDIRECTE** (pages 15-16). Brosser et huiler la grille.

CHARBON DE BOIS : Répartir les copeaux de bois sur les charbons. Mettre les papillotes dans la zone à chaleur moins intense du gril. Fermer le couvercle et cuire 20 - 30 min jusqu'à ce que les feuilles soient bien dorées et le poisson ferme au toucher.

GAZ: Régler un brûleur à haute intensité. Chauffer une boîte à fumée à demi remplie de copeaux de bois jusqu'à ce qu'une fumée se dégage; réduire le feu à moyen doux. Déposer les papillotes, fermer le couvercle et cuire 20 - 30 min.

Transférer les papillotes de poisson dans des assiettes individuelles et servir avec les quartiers de lime, la laitue râpée et la salsa. (Les feuilles de bananier ne sont pas comestibles.)

Sauce recado rojo (page 233)

filets de bar rayé sauvage ou autre poisson maigre à chair ferme : 4, 5-6 oz (155-185 g) chacun, d'une épaisseur de ¾-1 po (2-2,5 cm)

feuilles de bananier fraîches : 2

beurre non salé : 4 c. à soupe (2 oz/60 g), fondu

sel et poivre moulu

tomate mûre : 1 grosse, tranchée très finement

oignon blanc : 1, tranché très finement

épazote ou coriandre fraîche : 4 tiges

quartiers de lime

laitue râpée : 2 tasses (2 oz/60 g)

salsa douce ou Salsa verde (page 238) : 1 tasse (6 oz liq./185 g)

copeaux ou morceaux de bois : 1-2 poignées, trempés pendant 30 minutes

RENDEMENT : 4 PORTIONS

MORUE, SAUCE À TREMPER AU PONZU ET AUX DAÏKONS

ponzu, de préférence la variété ishiri ponzu : ½ tasse (4 oz liq./125 ml)

miel ou sirop d'agave léger : 2 c. à soupe

sauce chili sucrée thaïe : 1 c. à soupe

daïkons ou radis chinois : ½ tasse (4 oz/125 g), pelés et coupés en julienne fine

radis : 2, coupés en julienne fine

carotte : 1, pelée et coupée en julienne fine

ciboulette : 1 c. à thé, très finement émincée

filets de morue-lingue de l'Atlantique ou morue sauvage de l'Alaska parés sans la peau : 4, 3-4 oz (90-125 g) chacun, d'une épaisseur de ¾-1 po (2-2,5 cm)

sel de mer

huile d'olive : 1 c. à soupe, et un peu plus pour badigeonner

Cette morue glacée est un mets typique servi dans de petites assiettes dans les* izakaya*, les bistros gastronomiques japonais que l'on trouve de plus en plus dans les grands centres partout dans le monde. Le poisson est badigeonné avec une glace à base de* ishiri ponzu*, une sauce de poisson douce assaisonnée d'agrumes. Pour de meilleurs résultats, utilisez une mandoline pour râper les légumes.

Pour préparer la glace et la sauce à tremper, dans un petit bol non réactif (acier inoxydable ou verre), fouetter le ponzu, le miel, la sauce chili et la sauce soya. Verser un tiers du mélange dans une petite casserole sur un feu moyen-vif et faire bouillir 2 – 3 minutes jusqu'à ce que le mélange réduise de moitié; réserver la glace au ponzu. Ajouter les daïkons, les radis, la carotte et la ciboulette dans le bol avec le restant du mélange au ponzu.

Mettre les filets de morue dans un plat peu profond et assaisonner de tous côtés avec du sel. Arroser de 1 c. à soupe d'huile et tourner les filets pour bien les enduire d'huile.

Préparer un gril au **CHARBON DE BOIS** ou au **GAZ** pour une cuisson à chaleur **MOYENNE-ÉLEVÉE DIRECTE** (pages 15-16). Brosser et huiler la grille.

Griller le poisson 1 – 2 minutes, la peau vers le bas, directement au-dessus de la chaleur moyenne-élevée jusqu'à l'apparition de marques de grillade. Tourner le poisson, le badigeonner de glace au ponzu et griller 1 – 2 minutes de plus jusqu'à ce que la chair soit opaque et ferme au toucher.

Transférer le poisson dans des assiettes individuelles et servir immédiatement, accompagné de la sauce à tremper au ponzu et aux daïkons.

SAUMON FUMÉ MAISON SALÉ À SEC

RENDEMENT : 10 – 12 PORTIONS

Si vous êtes un habitué de la pêche, pêchez votre propre poisson et régalez vos amis avec une histoire de pêche tout en savourant l'un des mets les plus appétissants que l'on peut cuire sur le gril.

Pour la saumure, mélanger dans un grand bol : sucre, sel, poivre, feuilles de laurier et thym. Verser un tiers du mélange dans le fond d'un plat assez grand pour accommoder le saumon. Ajouter le saumon, peau vers le bas, et couvrir avec le mélange restant. Couvrir et réfrigérer au moins 8 heures, de préférence 12 heures ou jusqu'au lendemain. Retirer du réfrigérateur 30 minutes avant la cuisson.

Préparer un gril au **CHARBON DE BOIS** ou au **GAZ** pour une cuisson à chaleur **MOYENNE-ÉLEVÉE INDIRECTE** (pages 15-16). Essuyer la saumure du saumon et jeter. Rincer le saumon à l'eau courante froide 10 – 15 min et éponger.

CHARBON DE BOIS : Répartir les copeaux sur les charbons. Placer le saumon dans un panier métallique pour le fumage, dans la zone de chaleur moins intense du gril. Fermer le couvercle et cuire 60 – 90 min. Ajouter charbons et copeaux toutes les 30 min pour maintenir une température constante et entretenir la fumée.

GAZ: Régler un brûleur à haute intensité. Chauffer une boîte à fumée à demi remplie de copeaux de bois jusqu'à ce qu'une fumée se dégage; réduire le feu à moyen doux. Procéder ensuite comme pour la cuisson au charbon de bois (ci-contre).

Transférer le saumon sur une planche à découper. Servir immédiatement ou envelopper de façon hermétique et réfrigérer jusqu'à 5 jours. Pour servir, trancher de biais, en commençant par la queue. Disposer sur une grande planche à couper ou une assiette refroidie et servir avec les craquelins au pain plat et la crème fraîche au raifort en accompagnement.

sucre granulé : 2 tasses (1 lb/500 g)

sel : 2 tasses (1 lb/500 g)

poivre moulu : ¼ tasse (3 oz/90 g)

feuilles de laurier : 4

thym frais : 1 c. à soupe, haché grossièrement

filet de saumon sauvage : 1, 2½-3 lb (1-1,5 kg), les arêtes enlevées

craquelins au pain plat : pour servir (facultatif)

Crème fraîche au raifort (page 257) : pour servir

copeaux de bois dur : 2-3 poignées, trempés pendant 30 minutes

THON AUX OLIVES ET AUX ARTICHAUTS

RENDEMENT : 4 PORTIONS

La mer Méditerranée rencontre l'océan Pacifique dans cette recette classique de la région vinicole de la Californie à base de thon le plus frais de qualité sushi, d'olives fumées, de tomates mûres et de petits artichauts californiens. Assurez-vous de bien huiler la grille pour que le poisson ne colle pas. La Relish pour tapenades (page 263) accompagne bien ce plat.

anchois conservés dans l'huile : 2, égouttés et épongés

huile d'olive : ¼ tasse (2 oz liq./60 ml)

oignon blanc : 1 petit, coupé en dés

poivron rouge : 1, grillé, pelé, évidé, épépiné et coupé en dés

olives mélangées : 1 tasse (5 oz/155 g), dénoyautées et hachées

petits artichauts : 12, parés, étuvés, égouttés, grillés et coupés en quartiers

tomate : 1, pelée, épépinée et coupée en dés

pâte de tomate : 1 c. à soupe

sel et poivre moulu

paprika fumé : ½ c. à thé

persil italien frais : 2 c. à soupe, haché grossièrement

tiges de romarin et de thym citronné frais

darnes de thon de qualité sushi : 4, 2½-3 lb (1,25-1,5 kg) au total, d'une épaisseur de 1 po (2,5 cm)

Écraser les anchois pour en faire une pâte.

Pour préparer la relish aux artichauts, dans une casserole à fond épais de 4 pintes (128 oz liq./4 litres), combiner 3 c. à soupe d'huile d'olive, les anchois et l'oignon et faire revenir à feu moyen 4 – 5 minutes jusqu'à ce que le mélange dégage un arôme et que les oignons soient tendres. Retirer du feu, incorporer le poivron rouge, les olives, les quartiers d'artichaut, la tomate, la pâte de tomate et la c. à soupe d'huile restante. Assaisonner de sel, de poivre et de paprika fumé. Mélanger pour enduire les ingrédients d'huile, incorporer le persil et transférer dans un bol. Laisser reposer à température de la pièce pendant la cuisson du poisson.

Préparer un gril au **CHARBON DE BOIS** ou au **GAZ** pour une cuisson à chaleur **MOYENNE-ÉLEVÉE DIRECTE** (pages 15-16). Brosser et huiler la grille.

Lorsque la grille est chauffée, jeter les tiges d'herbes sur les charbons ardents (ou les brûleurs du gril au gaz) pour produire une fumée aromatique.

Griller les darnes de thon au-dessus de la chaleur la plus intense du gril 2 – 3 minutes par côté, en tournant une fois, jusqu'à ce qu'elles soient saisies à l'extérieur avec des belles marques de grillade et mi-cuit au centre. Ne pas trop cuire. Transférer les darnes dans des assiettes individuelles et décorer d'un peu de relish aux olives et aux artichauts, en servant le reste de la relish à table.

RENDEMENT : 4 PORTIONS

FLÉTAN ENVELOPPÉ DANS DES FEUILLES DE FIGUIER

filets de flétan ou autre poisson à chair blanche ferme, parés sans la peau : 4, 3-4 oz (90-125 g) chacun, d'une épaisseur de ¾-1 po (2-2,5 cm), dégelés si surgelés

gros sel et poivre moulu

feuilles de figuier : 4 grosses

huile d'olive : ¼ tasse (2 oz liq./60 ml)

Les figuiers produisent des feuilles odorantes que l'on peut utiliser pour envelopper le poisson sur le gril et lui donner une saveur tropicale de noix de coco. Si vous n'habitez pas dans un endroit où les figuiers poussent en abondance, vous en trouverez dans les pépinières ou remplacez-les par des feuilles de bananier ou de vigne. Les feuilles flétrissent rapidement et doivent être utilisées le jour qu'elles sont cueillies.

Saler et poivrer le poisson. Disposer les feuilles de figuier sur une surface de travail et badigeonner l'intérieur d'huile. Mettre un filet de poisson au centre de chaque feuille et badigeonner le poisson d'huile. En travaillant un filet à la fois, envelopper chaque poisson dans sa feuille, en commençant par le côté inférieur large, en roulant et en pliant les côtés par-dessous pour envelopper le poisson. Fixer l'emballage avec des cure-dent au besoin. Mettre les papillotes sur une assiette et réfrigérer jusqu'à l'utilisation.

Préparer un gril au **CHARBON DE BOIS** ou au **GAZ** pour une cuisson à chaleur **MOYENNE INDIRECTE** (pages 15-16). Brosser et huiler la grille ainsi qu'une double-grille pour poisson, si désiré.

Disposer les papillotes sur la grille ou dans la double-grille du côté du gril où la chaleur est moins intense. Couvrir et cuire 5 – 6 minutes par côté, en tournant une fois, jusqu'à ce que les feuilles soient légèrement grillées et le poisson cuit. Pendant les dernières minutes de cuisson, déplacer les papillotes au-dessus de la chaleur directe et griller jusqu'à l'apparition de marques de grillade.

Transférer les papillotes grillées dans des assiettes individuelles et servir immédiatement. (Les feuilles de figuier ne sont pas comestibles.)

RENDEMENT : 6 – 8 PORTIONS

TACOS AU VIVANEAU

piments Jalapeño : 2, coupés en quartiers sur la longueur et épépinés

huile végétale pour badigeonner: 1 c. à soupe, et un peu plus pour badigeonner

filets de vivaneau ou autre poisson à chair blanche ferme, désossés sans la peau : 6, 4-5 oz (125-155 g) chacun, dégelés si surgelés

sel et poivre moulu

tortillas de maïs : 12-16, d'un diamètre de 6 po (15 cm)

limes : 2, coupées en quartiers

laitue iceberg : ½ pomme, râpée

salsa fraîche : 1½ tasse (9 oz/280 g)

oignons, tomates, concombres et coriandre fraîche pour servir, hachés (facultatif)

sauce au piment fort

copeaux de bois dur : 1 poignée, trempés pendant 30 minutes

Les filets peuvent se défaire pendant la cuisson; si cela survient, transférez-les sur une feuille de papier d'aluminium robuste et terminez la cuisson dans une zone moins chaude du gril.

Préparer un gril au **CHARBON DE BOIS** ou au **GAZ** pour une cuisson à chaleur **MOYENNE-ÉLEVÉE DIRECTE** (pages 15-16). Brosser et huiler la grille.

Mettre les piments et l'huile dans un petit bol. Badigeonner le poisson d'huile, saler et poivrer. En travaillant par petites quantités, griller les tortillas 1 – 2 min et envelopper dans du papier d'aluminium ou un linge propre pour les tenir au chaud.

CHARBON DE BOIS : Cuire 1 – 2 minutes en tournant une fois jusqu'à ce qu'ils soient bien grillés. Cuire le poisson au-dessus de la chaleur la plus intense 3 – 5 min jusqu'à ce qu'il soit opaque et bien grillé. À l'aide d'une spatule large, tourner soigneusement le poisson et griller 3 – 4 min de plus jusqu'à ce qu'il soit cuit.

GAZ: Mettre les aliments au-dessus des brûleurs. Griller les piments 1 – 2 min en tournant une fois jusqu'à ce qu'ils soient bien grillés. Déposer le poisson au-dessus de la chaleur la plus intense 3 – 5 minutes jusqu'à ce qu'il soit opaque et bien grillé. À l'aide d'une large spatule, tourner soigneusement le poisson et cuire 3 – 4 min de plus.

Hacher grossièrement les piments grillés et les mettre dans un petit bol. Presser 1 ou 2 quartiers de lime par-dessus et mélanger pour enduire les piments de jus de lime.

Transférer le poisson sur une planche et défaire chaque filet en petits flocons. Pour assembler les tacos au poisson, mettre plusieurs morceaux de poisson et quelques piments grillés sur deux tortillas chaudes empilées. Garnir de laitue, salsa et autres garnitures au choix. Terminer avec quelques gouttes de sauce au piment fort et servir immédiatement.

POISSON ENTIER GRILLÉ

RENDEMENT : 6 – 8 PORTIONS

L'ultime épreuve des maîtres grillardins modernes est de griller un poisson entier. Rien ne peut égaler le plaisir culinaire d'un poisson frais pêché par le maître du gril lui-même et grillé à la perfection.

truites arc-en-ciel : 4, environ 2 lb (1 kg) chacune, nettoyées

romarin frais : 2 c. à soupe, haché grossièrement, plus 12 tiges

thym frais : 2 c. à soupe, haché grossièrement, plus 12 tiges

ail : 3 gousses, écrasées pour faire une pâte

sel et poivre moulu

vermouth ou vin blanc sec : ½ tasse (4 oz liq./125 ml)

huile d'olive : ½ tasse (4 oz liq./125 ml)

citrons : 2, tranchés en rondelles

À l'aide d'un couteau très bien aiguisé, faire des incisions dans la peau des deux côtés du poisson en diagonale à des intervalles de 1 po (2,5 cm). Mettre dans un plat peu profond.

Dans un petit bol, combiner le romarin haché, le thym haché et la pâte d'ail. Frotter la pâte aux herbes et à l'ail sur le poisson de tous côtés à l'intérieur et à l'extérieur. Assaisonner de sel et de poivre. Verser le vermouth et l'huile d'olive sur le poisson dans le plat, tourner celui-ci pour l'enduire d'huile et laisser reposer 30 minutes.

Préparer un gril au **CHARBON DE BOIS** ou au **GAZ** pour une cuisson à chaleur **MOYENNE-ÉLEVÉE DIRECTE** (pages 15-16). Brosser et huiler la grille ainsi qu'une double-grille pour poisson, si désiré.

Retirer le poisson de la marinade; jeter celle-ci. Farcir les cavités du poisson avec quelques tranches de citron et les tiges de romarin et de thym.

Disposer le poisson dans la double-grille directement au-dessus de la chaleur moyenne-élevée. Griller 3 – 4 minutes, en tournant une fois, jusqu'à ce qu'il soit bien coloré et cuit. Pendant les dernières minutes de cuisson, griller les tranches de citron restantes au-dessus de la chaleur la plus intense 1 – 2 minutes par côté, en tournant une fois, jusqu'à ce qu'elles soient légèrement dorées.

L'UTILISATION DE FINES HERBES FRAÎCHES SUR LE GRIL

Si vous utilisez des herbes ligneuses telles que le romarin et le thym, conservez les tiges après avoir retiré les feuilles et jetez-les sur le feu pour ajouter un goût subtil à la fumée qui entoure et imprègne le poisson.

Transférer les calmars grillés encore tout chauds directement du gril sur une planche et couper en anneaux et en bouchées. Empiler sur un plateau et garnir de persil et de tomates, le cas échéant.

RENDEMENT : 4 PORTIONS

CALMARS, AÏOLI AU CITRON MEYER

Aïoli au citron Meyer (page 256)

petits calmars, les tentacules et le corps, dégelés si surgelés : 2 lb (1 kg)

citrons : 2

huile d'olive : ½ tasse (4 oz liq./125 ml)

vinaigre de vin rouge : 1 c. à soupe

ail : 3 gousses, émincées

flocons de piment fort : 1 c. à thé

gros sel : 2 c. à thé

poivre moulu : 1 c. à thé

sauce au piment fort

persil italien frais : ¼ tasse (⅓ oz/10 g), finement ciselé

tomates cerises rouges en forme de poire : 10-12, coupées en deux sur la longueur (facultatif)

Les calmars grillés sont délicieux ajoutés aux salades, aux plateaux de hors-d'œuvre ou aux grillades de fruits de mer. Pour une cuisson uniforme, utilisez une poêle en fonte ou une brique enveloppée dans du papier d'aluminium que vous préchauffez pour appuyer sur les calmars.

Mettre les calmars dans une passoire, rincer à l'eau courante froide puis éponger. Arracher les tentacules du corps. Couper les gros tentacules en deux et les corps de plus de 4 po (10 cm) en morceaux de 1 ½-2 po (4 – 5 cm). Retrancher le petit bec sur les tentacules; jeter les becs. Égoutter les calmars dans la passoire.

À l'aide d'une râpe de type Microplane, râper le zeste d'un citron; couper l'autre citron et extraire le jus.

Dans un bol moyen, fouetter le zeste de citron, ¼ tasse (2 oz liq./60 ml) du jus de citron, l'huile, le vinaigre, l'ail, les flocons de piment fort, le sel, le poivre et la sauce au piment fort au goût. Ajouter les calmars et mélanger pour les enduire de vinaigrette.

Préparer un gril au **CHARBON DE BOIS** ou au **GAZ** pour une cuisson à chaleur **ÉLEVÉE DIRECTE** (pages 15-16). Préchauffer une grande poêle en fonte au-dessus de la chaleur la plus intense. Badigeonner le dessous de la poêle et la grille avec de l'huile.

Disposer les calmars sur la grille directement au-dessus de la chaleur élevée. Mettre la poêle préchauffée par-dessus les calmars pour les aplatir. Griller 1 – 2 minutes par côté, en tournant une fois et en badigeonnant avec le restant du mélange à l'huile, jusqu'à ce que les calmars soient opaques et bien colorés.

Transférer les calmars grillés à chaud du gril sur une planche à couper et couper en anneaux et en bouchées. Empiler sur un plateau et garnir de persil et de tomates, le cas échéant. Arroser d'aïoli au citron Meyer ou servir celui-ci en accompagnement pour tremper. Servir immédiatement.

BROCHETTES DE CREVETTES AIGRES-DOUCES

RENDEMENT 6 PORTIONS

Les brochettes de crevettes sont faciles à assembler, s'assaisonnent et s'accompagnent de multiples façons. avec de simples ingrédients. Celle-ci s'apprête avec une marinade d'huile de sésame et de piments chili et rehausse la saveur des grosses crevettes tout en conservant leur texture savoureuse.

Faire tremper les brochettes de bambou dans l'eau pendant 30 minutes.

À l'aide du plat d'un couteau de chef, écraser l'ail pour faire une pâte en y ajoutant 1 c. à thé de sel. Pour préparer la sauce aigre-douce, dans une petite casserole à feu moyen, combiner la pâte d'ail, 3 c. à soupe d'huile de sésame, le ketchup, la sauce soya, le vinaigre, le miel, le gingembre et la sauce chili et porter à ébullition. Laisser mijoter 3 – 5 minutes en fouettant sans cesse jusqu'à consistance épaisse et sirupeuse. Filtrer dans un tamis fin au-dessus d'un bol, en écrasant les solides avec le dos d'une cuillère pour extraire toutes les saveurs; jeter les solides. Laisser refroidir.

Mettre les crevettes dans une passoire, rincer à l'eau courante froide et éponger avec un essuie-tout. Combiner ensuite crevettes, zeste et jus de lime, 2 c. à soupe d'huile de sésame, les flocons de piment fort et ½ c. à thé de sel et de poivre. Mélanger pour bien enduire. Couvrir et réfrigérer 30 – 60 minutes.

Préparer un gril au **CHARBON DE BOIS** ou au **GAZ** pour une cuisson à chaleur **MOYENNE-ÉLEVÉE DIRECTE** (pages 15-16). Brosser et huiler la grille.

En commençant par le gros bout, embrocher les crevettes; réserver la marinade. En travaillant par petites quantités, griller les brochettes au-dessus de la chaleur la plus intense du gril 1 – 2 minutes par côté, en tournant une fois et en badigeonnant avec la marinade réservée, jusqu'à ce que les crevettes soient rouge vif et bien grillées.

Transférer les brochettes dans de petites assiettes individuelles ou sur un grand plateau. Verser un peu de sauce aigre-douce par-dessus, garnir d'oignons verts et de graines de sésame grillées et servir avec le reste de la sauce aigre-douce en accompagnement.

ail : 2 gousses

gros sel et poivre moulu

huile de sésame asiatique : 5 c. à soupe (3 oz liq./80 ml)

ketchup aux tomates : 2 c. à soupe

sauce soya et vinaigre de vin de riz : 2 c. à soupe chacun

miel : 2 c. à soupe

gingembre frais : 1 c. à soupe, râpé finement

sauce chili sucrée thaïe : 1 c. à soupe

grosses crevettes : 24-30, 1½-2 lb (750 g-1 kg) au total, pelées et déveinées avec les queues, dégelées si surgelées

zeste et jus d'une lime

flocons de piment fort : 1 c. à soupe

oignons verts : 2-3, parés

graines de sésame : 2-3 c. à soupe, grillées

brochettes de bambou : 12-18

RENDEMENT : 8 – 10 PORTIONS

GRILLADE MIXTE DE FRUITS DE MER

Beurre aux épices et aux herbes (page 252) ou Beurre à l'estragon et au citron (page 253)

Mélange d'assaisonnements (page 249)

grosses crevettes : 2½ lb (1,25 kg), environ 25, dégelées si surgelées

pétoncles géants : 2 lb (1 kg), environ 20, le muscle enlevé, dégelés si surgelés

grosses huîtres : 10

sardines fraîches : 8, nettoyées

queues de homard : 4, étuvées pendant 3 minutes et coupées en deux sur la longueur

darnes de flétan : 2, 6-8 oz (185-250 g) chacune

quartiers de citron

sauce worcestershire

sauce au piment fort

persil italien frais : ½ tasse (¾ oz/20 g), haché

Ce festival de fruits de mer est idéal pour nourrir une foule de gastronomes qui n'ont pas peur de se salir les doigts. N'hésitez pas à remplacer les variétés de fruits de mer par les arrivages frais dans votre région. Arrosez le tout d'une bonne bière froide ou d'un vin blanc sec.

Mettre les crevettes, pétoncles et huîtres dans une passoire, rincer à l'eau courante froide et éponger avec un essuie-tout. Rincer les sardines à l'eau courante froide et éponger. Retrancher les nageoires en laissant la tête et la queue.

Préparer un gril au **CHARBON DE BOIS** ou au **GAZ** pour une cuisson à chaleur **MOYENNE-ÉLEVÉE DIRECTE** (pages 15-16). Brosser et huiler la grille. Garder 1 ou 2 grands plateaux de service à proximité.

Assaisonner les crevettes, pétoncles, queues de homard et flétan avec le mélange d'assaisonnements et badigeonner du beurre aux épices et aux herbes ou celui au citron et à l'estragon. Assaisonner les sardines avec le mélange d'assaisonnements et badigeonner d'huile. Si les crevettes et les pétoncles risquent de tomber entre les tiges de la grille, les embrocher sur des brochettes métalliques.

Griller les queues de homard et les darnes de flétan directement au-dessus de la chaleur moyenne-élevée 3 – 4 minutes par côté, en tournant une fois, jusqu'à ce qu'elles soient opaques et bien colorées. Entre-temps, griller les huîtres à chaleur indirecte environ 2 minutes jusqu'à ce qu'elles s'entrouvrent. À l'aide d'une pince, transférer les huîtres sur une surface de travail recouverte d'un linge propre. À l'aide d'un couteau à huîtres, retirer soigneusement la coquille supérieure des huîtres. Mettre les huîtres au-dessus de la chaleur la plus intense 2 – 3 minutes jusqu'à ce qu'elles bouillonnent. Griller les crevettes, les pétoncles et les sardines au-dessus de la chaleur la plus intense 2 – 3 minutes par côté pour les crevettes et pétoncles et 3 – 5 minutes par côté pour les sardines, en tournant une fois, jusqu'à ce qu'ils soient colorés et cuits. Assaisonner les fruits de mer avec le mélange d'assaisonnements et badigeonner du beurre aux épices et aux herbes ou celui au citron et à l'estragon.

Transférer les fruits de mer sur des plateaux de service et servir avec les quartiers de citron, la sauce worcestershire, la sauce au piment fort et le persil haché.

CREVETTES AU SEL ET AU POIVRE

RENDEMENT : 6 – 8 PORTIONS

Les crevettes sur le gril n'ont jamais eu aussi bon goût et cette variante d'une recette vietnamienne classique est facile à préparer et très salissante à déguster ! Vous trouverez des crevettes de bonne qualité au rayon de la poissonnerie d'un supermarché de bonne réputation.

- **grosses crevettes :** 4 lb (2 kg), décortiquées et dégelées si surgelées
- **jus de lime frais :** 2 c. à soupe
- **gros sel :** 1 c. à soupe
- **poivre noir concassé (voir note) :** 1 c. à soupe
- **poivre blanc concassé (voir note) :** 1 c. à soupe
- **poivre de Cayenne :** 1 c. à thé
- **chili en poudre :** ½ c. à thé
- **vermouth sec**
- **huile d'olive :** ¼ tasse (2 oz liq./60 ml), et un peu plus pour badigeonner
- **Aïoli safrané (page 257) :** pour servir (facultatif)

Mettre les crevettes dans une passoire, rincer à l'eau courante froide et éponger. Dans un grand bol, combiner les crevettes, le jus de lime, le sel, les poivres noir, blanc et de Cayenne et le chili en poudre et mélanger pour enduire. Ajouter une pointe de vermouth et les ¾ tasse (2 oz liq./60 ml) d'huile et mélanger enduire les crevettes. Couvrir et réfrigérer jusqu'à l'utilisation.

Préparer un gril au **CHARBON DE BOIS** ou au **GAZ** pour une cuisson à chaleur **MOYENNE-ÉLEVÉE DIRECTE** (pages 15-16). Brosser et huiler la grille.

En travaillant par petites quantités, déposer les crevettes directement au-dessus de la chaleur moyenne-élevée 2 – 3 min par côté, en tournant une fois, jusqu'à ce qu'elles soient rouge vif et bien grillées. Transférer les crevettes sur un plateau et couvrir d'une tente d'aluminium.

COMMENT CONCASSER DES GRAINS DE POIVRE

Déposez une grande feuille de papier ciré ou parchemin sur une planche à couper bien stable. Déposez 2 – 3 c. à soupe de grains de poivre au centre et pliez les extrémités pour faire un petit baluchon. À l'aide d'une poêle épaisse, pressez en basculant pour concasser les grains. Passez dans un tamis à grosses mailles et répétez. Conservez du poivre fraîchement concassé pour assaisonner les grillades de biftecks, fruits de mer, côtelettes et salades.

Transférer les crevettes grillées dans des assiettes individuelles. Servir immédiatement avec l'aïoli safrané.

RENDEMENT : 4 PORTIONS

HOMARD ENTIER

homards vivants du Maine : 2, 1½-2 lb (750 g-1 kg) chacun, ou 2 queues de langouste surgelées, dégelées

BEURRE CITRONNÉ À L'AIL

beurre non salé : ½ tasse (4 oz/125 g)

ail : 3 gousses, émincées

le zeste et jus d'un citron, plus 2 citrons tranchés finement en rondelles

sel et poivre moulu

fines herbes fraîches telles que cerfeuil, persil italien, estragon ou toute autre combinaison : 1 c. à soupe chacune, ciselées

Les homards sont délicieux cuits sur le gril. Avec des homards vivants, soyez brave et assumez le rôle redoutable mais nécessaire du bourreau. Quand arrive le moment fatidique, cœur sensible s'abstenir : un coup de couteau enfoncé rapidement tuera le homard instantanément.

Porter à ébullition une grande marmite remplie d'eau salée aux trois quarts. Préparer un bol d'eau glacée assez grand pour accommoder les homards.

Sur une planche à couper, utiliser la pointe d'un couteau de chef pour faire une incision dans la tête du homard à environ 1 po (2,5 cm) des yeux, en appuyant assez fort pour transpercer la carapace et tuer le homard sur le coup. Plonger immédiatement les homards dans la marmite et cuire 2 minutes. Transférer dans le bain de glace. Lorsqu'ils sont manipulables, couper les homards en deux sur la longueur. Retirer le boyau intestinal de la queue, les sacs à gravier de la tête et le tomalli vert du coffre; réserver les sacs d'œufs noirs dans un petit bol.

Verser ¼ tasse (2 oz liq./60 ml) d'eau bouillante sur les sacs d'œufs et percer délicatement la membrane à l'aide d'une fourchette pour libérer les œufs qui vont devenir rouge vif dans l'eau chaude. Filtrer dans un tamis et laisser sécher sur un essuie-tout.

Pour préparer le beurre citronné à l'ail, dans une petite casserole à feu moyen, faire fondre le beurre. Incorporer l'ail et le zeste et jus de citron. Ajouter le sel et le poivre au goût, les fines herbes et 2 c. à soupe des œufs réservés, le cas échéant. Tenir au chaud.

Préparer un gril au **CHARBON DE BOIS** ou au **GAZ** pour une cuisson à chaleur **MOYENNE-ÉLEVÉE DIRECTE** (pages 15-16). Brosser et huiler la grille.

Badigeonner le côté coupé de chaque moitié de homard de beurre citronné à l'ail. Mettre les homards directement sur la grille, côté coupé vers le bas. Fermer le couvercle et griller 5 – 6 minutes jusqu'à ce que la chair soit opaque et ferme au toucher. Griller les tranches de citron au-dessus de la chaleur la plus intense 1 – 2 minutes par côté jusqu'à ce qu'elles soient légèrement noircies.

Badigeonner les homards de beurre citronné à l'ail et transférer sur un plateau de service. Garnir de tranches de citrons grillées et servir immédiatement.

PÉTONCLES, SALSA AUX AVOCATS

RENDEMENT : 4 - 6 PORTIONS

Les pétoncles géants sont de plus en plus faciles à trouver, surgelés ou dégelés, dans les poissonneries et les supermarchés. Achetez un produit « sauvage » sans additifs ni préservatifs; ces ajouts peuvent donner un goût chimique à la chair délicate et sucrée des pétoncles.

Pour préparer la salsa aux avocats, dans un petit bol, mélanger 2 c. à soupe d'huile d'olive, 3 c. à soupe de jus de lime, 2 c. à soupe de téquila, le piment chipotle, la sauce adobo, le sirop d'agave et 1 c. à thé de sel et de poivre. Dans un bol moyen, combiner les avocats, les oignons blancs et rouges, les tomates, le piment Jalapeño, les graines de potiron, le cumin et la coriandre. Verser le mélange à la lime et à la téquila par-dessus et mélanger délicatement pour combiner les ingrédients, en prenant soin de ne pas abîmer l'avocat.

Préparer un gril au **CHARBON DE BOIS** ou au **GAZ** pour une cuisson à chaleur **MOYENNE-ÉLEVÉE DIRECTE** (pages 15-16). Brosser et huiler la grille.

Couper les tortillas en rondelles de 3 po (7,5 cm) avec un emporte-pièce et badigeonner légèrement d'huile. Retirer le muscle de chaque pétoncle.

Dans un grand bol, mélanger le reste des ingrédients suivants : ¼ tasse d'huile d'olive, 2 c. à soupe de téquila ainsi que le zeste et le jus de lime. Assaisonner légèrement les pétoncles des tous côtés de sel et de poivre. Juste avant de griller, ajouter les pétoncles au mélange et délicatement enduire d'huile.

Transférer dans une assiette.

Griller les pétoncles directement au-dessus de la chaleur moyenne-élevée 2 minutes par côté jusqu'à l'apparition de marques de grillade et jusqu'à ce qu'ils soient complètement cuits. Griller les tortillas 1 - 2 minutes par côté, en tournant une fois, jusqu'à ce que le bord soit croustillant.

Tartiner la salsa aux avocats sur les rondelles de tortilla et garnir chacune d'un pétoncle. Servir immédiatement.

huile d'olive extra-vierge : ¼ tasse (2 oz liq./60 ml) plus 2 c. à soupe

le zeste et jus de 2 limes

téquila : ¼ tasse (2 oz liq./60 ml)

piments chipotle à l'adobo en conserve : 2, épépinés et hachés finement, plus 1 c. à thé de sauce adobo

sirop d'agave léger : 1 c. à thé

sel et poivre moulu

avocats mûrs : 2, dénoyautés, pelés et coupés en dés

oignon blanc et rouge : ½ tasse (2½ oz/75 g) haché

tomates : 2, épépinées et coupées en dés

piment Jalapeño ou serrano : 1, épépiné et haché finement

graines de potiron : 3 c. à soupe

cumin moulu : 1 c. à thé

coriandre fraîche : ½ tasse (¾ oz/20 g), hachée finement

tortillas de maïs : 12, d'un diamètre de 6 po

pétoncles géants : 2 lb (1 kg)

RENDEMENT : 6 PORTIONS

HUÎTRES GRILLÉES, SAUCE BARBECUE

Sauce barbecue de base (page 231)

grosses huîtres : 24

sauce worcestershire

sauce au piment fort

quartiers de citron : pour la garniture

Pour griller des huîtres, on procède en trois étapes : on les fait étuver brièvement pour les ouvrir, on enlève la coquille supérieure et on les termine sur le gril. La sauce barbecue s'ajoute à la fin pour donner du piquant.

Préparer un gril au **CHARBON DE BOIS** ou au **GAZ** pour une cuisson à chaleur **ÉLEVÉE DIRECTE** (pages 15-16). Brosser la grille.

Disposer la moitié des huîtres, la coquille inférieure vers le bas, dans un plat à rôtir jetable en aluminium. Ajouter 1/4 tasse d'eau (2 oz liq./60 ml) et couvrir de façon hermétique avec du papier d'aluminium.

Mettre le plat à rôtir avec les huîtres sur le gril directement au-dessus de la chaleur intense et étuver environ 2 minutes jusqu'à ce que les huîtres s'ouvrent. À l'aide d'une pince, transférer les huîtres sur une surface de travail recouverte d'un linge propre. Répéter pour étuver le reste des huîtres. À l'aide d'un couteau à huîtres, retirer soigneusement la coquille supérieure. Couper le muscle sous l'huître et retourner celle-ci. Garnir chaque huître de sauce barbecue, 1 goutte de sauce worcestershire et 1 goutte de sauce au piment fort. Griller les huîtres au-dessus de la chaleur la plus intense 30 – 60 secondes jusqu'à ce que la sauce bouillonne.

À l'aide d'une pince, transférer soigneusement les huîtres grillées sur un plateau. Garnir de quartiers de citron et servir immédiatement avec la sauce barbecue, la sauce worcestershire et la sauce au piment fort.

Accompagnements

RENDEMENT : 4 PORTIONS

SALADE DE CHOU AU BABEURRE

Sauce pour salade au babeurre (page 260)

chou vert et rouge : ½ pomme chacun

grosse carotte : 1

oignon rouge : ½

échalotes : 2

raisins secs dorés (sultana) : ½ tasse (3 oz/90 g)

vinaigre blanc : 3 c. à soupe

sel et poivre blanc moulu

persil italien frais et ciboulette pour garnir : hachés

Un barbecue sans salade de chou n'est pas un barbecue. Dans cette version, la saveur riche et piquante de la sauce au babeurre est rehaussée par les fines herbes et les raisins secs.

Évider et râper finement les choux. À l'aide d'une mandoline, peler et couper la carotte en julienne. Trancher très finement l'oignon rouge et les échalotes.

Mettre les raisins secs dans un petit bol. Ajouter de l'eau tiède pour couvrir et faire tremper environ 30 minutes jusqu'à ce que les raisins secs soient gonflés ; égoutter. Dans un autre petit bol, combiner la carotte, l'oignon, les échalotes et le vinaigre et mélanger pour enduire les ingrédients de vinaigre.

Dans un grand saladier, mélanger le chou vert et rouge. Ajouter les raisins secs, le mélange aux carottes et au vinaigre et la sauce au babeurre et mélanger pour enduire les ingrédients de sauce. Rectifier l'assaisonnement en sel et poivre. Garnir de persil et de ciboulette et réfrigérer jusqu'à l'utilisation

MACARONI AUX TROIS FROMAGES

RENDEMENT : 6 – 8 PORTIONS

Dans cette recette, une pâte ondulée retient mieux la sauce. Achetez des pâtes sèches artisanales ou de grain entier pour une meilleure saveur que les produits typiques en boîte. On termine ce plat sous le gril.

Porter à ébullition une grande marmite remplie d'eau aux trois quarts. Saler généreusement et ajouter les pâtes, en remuant pour éviter qu'elles ne collent. Porter de nouveau à ébullition et cuire 8-10 minutes pour une cuisson al dente. les pâtes devraient être légèrement sous-cuites. Égoutter dans une passoire, puis transférer dans la marmite et mélanger avec la moitié du beurre fondu.

Préchauffer le gril. Badigeonner de beurre fondu les parois et le fond d'un plat à gratin ou plat de cuisson de 9 sur 13 po (23 sur 33 cm).

Dans un bol, combiner l'huile et le beurre fondu restant. Incorporer la chapelure, le persil, le thym, la pâte d'ail et ½-¾ tasse (2-3 oz/60-90 g) de pecorino. Rectifier l'assaisonnement en sel et poivre. Enduire les parois et le fond du plat à gratin d'une partie du mélange à la chapelure.

Dans une grande casserole épaisse à feu moyen-vif, porter la crème jusqu'au point d'ébullition sans la faire bouillir. Réduire le feu à moyen-doux et ajouter ¾ tasse (3 oz/90 g) de pecorino et les fromages américain et cheddar. Fouetter délicatement 1 – 2 minutes jusqu'à ce que le mélange soit lisse. Ajouter les pâtes cuites et mélanger pour enduire. Saler et poivrer.

Transférer les pâtes dans le plat à gratin préparé et ajouter le reste du mélange à chapelure. Passer sous le gril 4 – 5 minutes, en tournant le plat à mi-cuisson, jusqu'à ce que la chapelure soit dorée et grillée. Servir immédiatement.

COMMENT CUIRE DES PÂTES *AL DENTE*

Toutes les pâtes sèches devraient être cuites al dente, ce qui signifie « à la dent », tendres à l'extérieur et fermes à l'intérieur. Pour tester la cuisson, retirez une petite quantité de pâtes et mettez-la dans un petit bol d'eau froide. Laissez les pâtes tiédir et goûtez. Si elles ne sont pas prêtes, continuez la cuisson 1 – 2 minutes de plus et tester de nouveau.

pâtes sèches telles que macaronis ou penne : 1 lb (500 g)

beurre non salé : 4 c. à soupe (2 oz/60 g), fondu

huile d'olive : ¼ tasse (2 oz liq./60 ml)

chapelure fraîche : 1½ tasse (3 oz/90 g)

persil italien frais : ¼ tasse (⅓ oz/10 g), ciselé

thym frais : 1 c. à soupe, ciselé

ail : 2 gousses, écrasées pour faire une pâte avec ½ c. à thé de sel

fromage pecorino romano : 1 morceau de 6-8 oz (185-250 g), râpé très finement

gros sel et poivre moulu

crème épaisse : 2 tasses (16 oz liq./500 ml)

fromage américain orange ou blanc non fondu : 5 tranches (5 oz/155 g)

fromage cheddar fort : 1¼ tasse (5 oz/155 g), râpé

SALADE D'ORZO

RENDEMENT 6 – 8 PORTIONS

Cette salade de pâtes en forme de riz est parfaite pour recevoir des amis l'été. Elle est assez généreuse pour nourrir une foule affamée et est encore meilleure le lendemain lorsque les saveurs sont davantage mariées.

Porter à ébullition une grande marmite remplie aux trois quarts d'eau salée. Préparer un bol de glace et d'eau froide. Ajouter l'orzo à l'eau bouillante, en remuant avec une grande cuillère pour l'empêcher de coller. Porter de nouveau à ébullition et cuire 8 – 10 minutes pour une cuisson al dente. Pendant la dernière minute de cuisson, ajouter les petits pois. Égoutter dans une passoire. Verser l'orzo et les pois dans le bain de glace et égoutter de nouveau. Transférer dans un saladier. Arroser de 1-2 c. à soupe d'huile d'olive extra-vierge et remuer pour enduire les pâtes d'huile. Couvrir et réfrigérer.

Pour préparer la vinaigrette, combiner le ¼ tasse d'huile d'olive restante et l'huile de pépin de raisin dans une tasse à mesurer. Dans un bol non réactif (acier inoxydable ou verre), fouetter le vinaigre et la moutarde. Ajouter les huiles en un long filet continu en fouettant sans cesse. Rectifier l'assaisonnement en sel et poivre. Réserver.

Préparer un gril au **CHARBON DE BOIS** ou au **GAZ** pour une cuisson à chaleur **ÉLEVÉE DIRECTE** (pages 15-16). Brosser et huiler la grille ainsi qu'un panier à griller.

Badigeonner les oignons et les poivrons d'huile d'olive. Disposer les oignons dans le panier à griller.

Placer les poivrons directement au-dessus de la chaleur intense, en tournant à l'occasion, jusqu'à ce qu'ils soient bien grillés de tous côtés. Transférer les poivrons grillés dans un bol, couvrir et laisser étuver 10 minutes. Entre-temps, mettre le panier à griller avec les oignons directement au-dessus de la chaleur intense. Griller environ 8 – 10 minutes, en tournant une fois, jusqu'à ce qu'ils soient bien colorés des deux côtés et transférer dans une assiette.

Lorsque les poivrons sont tiédis, peler et jeter les pelures. Épépiner et couper en dés. Ajouter les poivrons, les oignons, le persil et la vinaigrette dans le bol avec les pâtes et les pois et mélanger pour enduire les pâtes de vinaigrette. Rectifier l'assaisonnement. Garnir de tomates et servir.

pâtes orzo sèches : 1 lb (500 g)

petits pois : 1 tasse (5 oz/155 g)

huile d'olive extra-vierge : 1-2 c. à soupe, plus ½ tasse (2 oz liq./60 ml)

VINAIGRETTE À LA MOUTARDE DE DIJON

huile de pépin de raisin : ½ tasse (4 oz liq./125 ml)

vinaigre de vin rouge : 2 c. à soupe

moutarde de Dijon : 1 c. à soupe

sel et poivre moulu

oignons rouge et blanc : 1 chacun, en tranches de ½ po (12 mm)

poivrons rouge, orange et jaune : 1 chacun

persil italien frais : 1 tasse (1 ⅓ oz/40 g), ciselé

sel et poivre moulu

petites tomates patrimoniales : 12, environ 3 lb (1,5 kg) au total, évidées et coupées en quartiers

RENDEMENT : 4 - 6 PORTIONS

HARICOTS À LA PANCETTA

haricots cannellini secs : 2 tasses (1 lb/500 g) ou 2 boîtes (15 oz/450 g) de haricots blancs

huile d'olive extra-vierge : ¼ tasse (2 oz liq./60 ml), plus 2 c. à soupe

pancetta : ¼ lb (125 g), d'une épaisseur de ⅛ po (3 mm), coupée en lardons

oignon : 1 petit, pelé et coupé en quartiers

carotte et branche de céleri : 1 chacune, pelée et coupée en 3 morceaux

ail : 4 gousses, coupées en dés

sauge fraîche : 3 feuilles

bouillon de légumes ou eau : 4-6 tasses (32 oz liq./1 litre)

gros sel et poivre moulu

pâte de tomate : 2 c. à soupe

persil italien frais : 1-2 c. à soupe, haché

tomate : 1, pelée, épépinée et coupée en dés de ¼ po (6 mm)

Les haricots blancs et le porc sont une combinaison toscane classique, agrémentée par des fines herbes et une bonne huile d'olive. La pancetta est un bacon à base de poitrine de porc saumurée avec de l'ail et des herbes et roulée en bûche. On peut remplacer les haricots cannellini secs par des haricots blancs ou Great Northern en conserve.

Trier les haricots secs, jeter ceux qui sont abîmés et rincer dans une passoire à l'eau courante froide. Transférer dans un grand bol avec suffisamment d'eau froide pour couvrir. Laisser tremper au moins 8 heures ou jusqu'au lendemain.

Pour la cuisson, préchauffer le four à 350°F (180°C) et positionner une grille au centre. Égoutter à fond les haricots. Si on utilise des haricots en conserve, égoutter, rincer, puis trier pour jeter ceux qui sont cassés ou abîmés.

Dans une marmite émaillée, à feu moyen, faire chauffer 2 c. à soupe d'huile d'olive. Ajouter les lardons de pancetta et faire revenir jusqu'à ce qu'ils soient mi-tendres mi-croustillants et qu'ils aient rendu une partie de leur gras. Égoutter le gras pour ne laisser que 2 c. à soupe de gras et la pancetta dans la marmite. Ajouter l'oignon, la carotte, le céleri, l'ail, la sauge et les haricots. Ajouter le bouillon de légumes (ou l'eau) pour couvrir. Assaisonner avec 1 c. à thé de poivre. Chauffer pour faire mijoter, couvrir et transférer au four. Cuire 60 – 90 min jusqu'à tendreté. Si on utilise les haricots en conserve, réduire le temps de cuisson de moitié.

Transférer les haricots sur la cuisinière à feu moyen et laisser mijoter doucement.

Dans un petit bol, fouetter la pâte de tomate et 1 tasse (8 oz liq./250 ml) du liquide de cuisson chaud des haricots. Ajouter la pâte de tomate dans la marmite en remuant pour l'incorporer. Assaisonner de sel et de poivre au goût. Éteindre le feu et laisser les haricots refroidir à température de la pièce dans leur liquide de cuisson. Servir immédiatement ou transférer dans un plat de cuisson peu profond, couvrir de façon hermétique et conserver au réfrigérateur 2 – 3 jours.

Servir les haricots refroidis à température de la pièce ou réchauffés. Arroser d'huile d'olive et garnir de persil et de tomates en dés.

RENDEMENT : 6 – 8 PORTIONS

HARICOTS DU COWBOY

Sauce barbecue de base (page 231) : 1 tasse (8 oz liq./250 ml)

bacon fumé épais : ½ lb (250 g)

oignon : 1 petit, coupé en dés

sel et poivre moulu

haricots secs Great Northern ou ronds blancs : ½ lb (250 g), trempés une nuit dans l'eau pour couvrir puis égouttés

ketchup aux tomates : ½ tasse (4 oz liq./125 ml)

cassonade pâle : ¼ tasse (2 oz/60 g)

mélasse : ¼ tasse (3 oz/90 g)

vinaigre de vin rouge : 2 c. à soupe

moutarde de Dijon : 2 c. à soupe

moutarde sèche : 1 c. à soupe

ail granulé et chili en poudre : 1 c. à soupe chacun

La fumée ajoute une note distinctive de feu de camp à ce classique du Far West américain. Ajoutez-y des restes de porc fumé, de côtes ou de pointe de poitrine pour en faire un plat nourrissant. Assurez-vous de choisir une marmite qui permet de fermer le couvercle du gril ; vous pouvez aussi cuire les haricots sur un foyer extérieur ou au-dessus d'un feu de camp à la manière des cowboys. Servez ce plat en accompagnement avec beaucoup de pain grillé pour récupérer la sauce.

Préparer un gril au **CHARBON DE BOIS** ou au **GAZ** pour une cuisson à chaleur **MOYENNE DIRECTE** (pages 15-16).

Dans une grande marmite à couvercle épais ou un fait-tout à feu moyen, cuire le bacon 8 – 10 minutes jusqu'à ce qu'il soit croustillant et ait commencé à rendre son gras. Jeter le gras, en laissant quelques cuillérées dans le pot. Ajouter l'oignon, assaisonner de sel et de poivre et cuire 5 – 7 minutes, en remuant, jusqu'à ce qu'il soit tendre. À l'aide d'une cuillère en bois, incorporer les haricots, la sauce barbecue, le ketchup, la cassonade, la mélasse, le vinaigre, la moutarde de Dijon, la moutarde sèche, l'ail granulé et le chili en poudre. Ajouter suffisamment d'eau pour juste couvrir, jusqu'à 2 tasses (16 oz liq./500 ml), et bien remuer.

Mettre la marmite sur la grille au-dessus de la chaleur la plus intense ou la mettre sur un brûleur à feu moyen. Couvrir partiellement et laisser mijoter 90 – 120 minutes, en remuant à l'occasion, jusqu'à ce que le mélange soit brun foncé et épais. Servir immédiatement.

POMMES DE TERRE FINGERLING GRILLÉES

RENDEMENT : 6 – 8 PORTIONS

Il y a de nombreuses variétés de petites pommes de terre disponibles à longueur d'année dans les supermarchés et marchés locaux. Achetez-les de taille uniforme avec une pelure lisse. Les petites pommes de terre doivent être bouillies un court moment avant de les griller pour conserver leur tendreté.

- **pommes de terre fingerling telles que Red Russian, Yukon Gold ou toute autre pomme de terre nouvelle :** 3 lb (1,5 kg)
- **vin blanc :** ½ tasse (4 oz liq./125 ml) plus 2 c. à soupe
- **huile d'olive pour badigeonner**
- **mayonnaise :** ½ tasse (4 oz liq./125 ml)
- **moutarde à l'ancienne :** 1 c. à soupe
- **persil italien frais :** 2 c. à soupe, émincé
- **estragon frais :** 2 c. à soupe, émincé
- **sel et poivre moulu**

Porter à ébullition une marmite remplie aux trois quarts d'eau salée. Ajouter les pommes de terre et porter de nouveau à ébullition. Couvrir, réduire le feu à moyen-vif et faire bouillir environ 10 minutes jusqu'à ce qu'on puisse les piquer avec la pointe d'un couteau sans qu'elles soient complètement tendres. Égoutter. Dans un grand saladier, combiner les pommes de terre chaudes et ½ tasse (4 oz liq./125 ml) de vin et mélanger pour enduire les pommes de terre de vin. Laisser tiédir à température de la pièce en remuant souvent. Couper les pommes de terre en deux sur la longueur et laisser reposer 10 minutes.

Préparer un gril au **CHARBON DE BOIS** ou au **GAZ** pour une cuisson à chaleur **MOYENNE-ÉLEVÉE DIRECTE** (pages 15-16). Brosser et huiler la grille ou un panier à griller.

Disposer les pommes de terres sur la grille ou dans le panier directement au-dessus de la chaleur moyenne-élevée. Griller environ 5 minutes par côté, en tournant une fois, jusqu'à l'apparition de marques de grillade.

Transférer les pommes de terre grillées dans un grand saladier, ajouter la vinaigrette et mélanger pour enduire les pommes de terre. Rectifier l'assaisonnement. Servir les pommes de terre immédiatement ou couvrir de façon hermétique, réfrigérer environ 1 heure et servir froides.

FOR GREAT SMOKEHOUSE FLAVOR
WOOD CHIPS
MESQUITE

SALADE DE RIZ SAUVAGE

RENDEMENT : 6 – 8 PORTIONS

Le riz sauvage est un grain entier ; en fait c'est la graine d'une herbe aquatique. Il est délicieux, riche en protéines et en fibres et est réputé avoir nourri les Amérindiens des Grandes Plaines depuis des temps anciens et avoir contribué à leur vitalité et à leur force. Servez cette salade en accompagnement d'une dinde ou autre gibier à plumes rôti sur le gril.

Combiner les huiles dans une tasse à mesurer. Dans un bol moyen, fouetter la moutarde avec le vin et le vinaigre. Ajouter l'échalote et 1 c. à thé de sel et de poivre. Ajouter les huiles en un long filet continu en fouettant sans cesse. Réserver la vinaigrette.

Rincer le riz sauvage non cuit dans un tamis et faire tremper 30 minutes dans un bol d'eau pour couvrir. Égoutter à fond. Dans une casserole à fond épais avec couvercle, porter le bouillon à ébullition. Ajouter 1 c. à thé de sel et le riz sauvage et porter de nouveau à ébullition ; remuer et couvrir. Réduire le feu à doux et laisser mijoter 45 – 55 minutes jusqu'à ce que les grains de riz commencent juste à s'ouvrir en gonflant. Retirer le couvercle, égrener avec une fourchette et laisser mijoter 5 – 10 minutes de plus. Égoutter tout excédent de liquide et étaler le riz sauvage sur une plaque à pâtisserie pour le refroidir. (On devrait obtenir environ 2 tasses (16 oz/500 g) de riz sauvage cuit.)

Dans un grand saladier, combiner le riz sauvage cuit, le riz brun cuit, les légumes, les pacanes et la vinaigrette, 1 – 2 c. à soupe à la fois, jusqu'à ce que les ingrédients soient incorporés et légèrement enduits de vinaigrette. (Il peut rester de la vinaigrette à conserver pour un autre usage.) Saler et poivrer la salade. Servir à température de la pièce ou couvrir, réfrigérer 1 – 2 heures et laisser reposer à température de la pièce 15 minutes avant de la servir refroidie.

huile de pépin de raisin et d'olive : ½ tasse (4 oz liq./125 ml) chacun

moutarde de Dijon : 1 c. à soupe

chardonnay : 1 c. à soupe

vinaigre de vin blanc : 1 c. à soupe

échalote : 1 moyenne, émincée

sel et poivre moulu

riz sauvage : ¾ tasse (6 oz/180 g)

bouillon de légumes ou eau : 2 – 3 tasses (16-24 oz liq./500-750 ml)

riz brun ou blanc : 1 tasse (5 oz/155 g), cuit

oignon : 1 moyen, coupé en quartiers, grillé et coupé en dés

poivron rouge et jaune : 1 chacun, grillés, évidés, épépinés et coupés en dés

pacanes : ½ tasse, hachées, grillées dans un four à 300°F (150°C) pendant 15 minutes

RENDEMENT : 4 – 6 PORTIONS

SALADE DE QUINOA

jus de citron : 1 c. à soupe

huile d'olive extra-vierge : 3 c. à soupe

sirop d'érable : 1 c. à thé

sel de mer et poivre moulu

beurre non salé : 1 c. à soupe

huile de pépin de raisin : 1 c. à soupe

oignon : 1 petit, coupé en dés

échalote : 1, émincée

quinoa : 1 tasse (5 oz/155 g)

bouillon de légumes ou poulet : 2 tasses (16 oz liq./500 ml)

pâtes orzo : ½ tasse (3½ oz/105 g), cuites

raisins secs dorés (sultana) et groseilles à grappes rouges séchées : ¼ tasse (1½ oz/45 g) chacun, trempés dans l'eau pendant 30 minutes et égouttés

amandes : ¼ tasse (1 oz/30 g) tranchées, grillées dans un four à 300°F (150°C) pendant 15 minutes

Le quinoa, la graine sacrée des Incas a la plus haute teneur en protéines de tous les grains entiers. En plus d'être riche en éléments nutritifs et faible en gras saturés, il est surtout délicieux, avec une texture un peu croquante et un goût de terroir parfumé aux noix. Vous le trouverez au rayon des grains de votre supermarché.

Pour préparer la vinaigrette, dans un petit bol, fouetter le jus de citron, l'huile d'olive et le sirop d'érable. Assaisonner légèrement de sel et de poivre et réserver.

Pour cuire le quinoa, chauffer le beurre et l'huile de pépin de raisin dans une petite casserole à fond épais avec couvercle à feu moyen. Dès que le beurre a fini de mousser, incorporer l'oignon et l'échalote, assaisonner de sel et de poivre et couvrir. Faire suer l'oignon et l'échalote 5 – 7 minutes jusqu'à tendreté. Retirer du feu, ajouter le quinoa et assez de bouillon pour couvrir de ½ po (12 mm). Assaisonner avec 1 c. à thé de sel, porter de nouveau à ébullition, couvrir et laisser mijoter doucement 15 – 20 minutes jusqu'à ce que le quinoa soit tendre et légèrement gonflé et le bouillon absorbé. Égoutter l'excédent de liquide au besoin et étaler le quinoa sur une plaque à pâtisserie pour le refroidir.

Pour assembler la salade, dans un grand saladier non réactif (acier inoxydable ou verre), combiner le quinoa, l'orzo, les raisins secs et les groseilles à grappes. Arroser de vinaigrette et mélanger pour enduire les ingrédients. Rectifier l'assaisonnement. Transférer la salade de quinoa dans un grand bol, saupoudrer de tranches d'amandes grillées et servir immédiatement.

RENDEMENT : 6 – 8 PORTIONS

SALADE D'ÉPEAUTRE

bouillon de légumes ou eau salée : 4 tasses (32 oz liq./1 litre)

épeautre perlé : 1½ tasse (9 oz/280 g)

petits pois frais : 1 lb (500 g), écossés

huile d'olive extra-vierge : ¼ tasse (2 oz liq./60 ml)

le zeste et jus d'un citron

sel et poivre moulu

poivrons rouges et jaunes : 3, pelés, épépinés et coupés en dés

tomates cerises rouges et jaunes : 1 chopine (12 oz/375 g), coupées en deux

oignon rouge : ¼ tasse (1½ oz/45 g), coupé en petits dés

persil italien frais : ½ tasse (¾ oz/20 g), ciselé

feuilles de basilic frais : 10, roulées et coupées en rubans

estragon, cerfeuil et ciboulette frais : 1 c. à soupe chacun, ciselés

L'épeautre est l'un des grains les plus anciens du monde et une variété de blé riche en protéines, avec un goût de terroir parfumé aux noix. On l'utilise souvent pour remplacer l'orge ou le riz dans les soupes. On peut aussi l'aromatiser simplement à l'huile et au citron et le servir froid comme dans cette recette.

Dans une grande marmite, porter le bouillon à ébullition. Ajouter l'épeautre et remuer avec une grande cuillère. Porter de nouveau à ébullition, réduire le feu à doux, couvrir partiellement et cuire 15 – 20 minutes pour une cuisson al dente. Étaler dans un plat peu profond pour le refroidir.

Porter à ébullition une petite casserole remplie aux trois quarts d'eau salée. Préparer un bol d'eau glacée. Faire bouillir les petits pois environ 2 minutes jusqu'à tendreté. Égoutter dans une passoire. Plonger les pois dans le bain de glace et égoutter de nouveau.

Pour préparer la vinaigrette, dans un petit bol, fouetter l'huile d'olive, le zeste et le jus de citron. Assaisonner de sel et de poivre au goût.

Dans un grand saladier, combiner l'épeautre, les pois, les poivrons, les tomates, l'oignon, le persil, le basilic, l'estragon, le cerfeuil et la ciboulette. Ajouter la vinaigrette et mélanger pour enduire les ingrédients. Rectifier l'assaisonnement.

Servir à température de la pièce ou couvrir, réfrigérer 1 – 2 heures et laisser reposer à température de la pièce 15 minutes avant de servir.

SALADE DE HARICOTS NOIRS

RENDEMENT : 6 PORTIONS

Cette salade de haricots noirs est à son meilleur quand les légumes sont encore chauds du gril ou à température de la pièce 1 ou 2 heures après avoir été grillés. Les haricots et les légumes devraient être légèrement épicés et enduits de vinaigrette.

Pour préparer la vinaigrette, dans un petit bol, fouetter avec de l'huile d'olive, le jus de lime, le vinaigre, le cumin, le chili en poudre, le sel, le poivre et quelques gouttes de sauce au piment fort.

Préparer un gril au **CHARBON DE BOIS** ou au **GAZ** pour une cuisson à chaleur **MOYENNE-ÉLEVÉE DIRECTE** (pages 15-16). Brosser et huiler la grille ou un panier à griller. Badigeonner les oignons, poivrons et piments d'huile.

Disposer les oignons, les poivrons et les piments sur la grille ou dans le panier au-dessus de la chaleur la plus intense du feu. Cuire environ 10 minutes au total, en tournant à l'occasion, jusqu'à ce qu'ils soient bien grillés de tous côtés.

Transférer les légumes grillés dans un bol, couvrir et laisser étuver 10 minutes. Examiner les légumes pour retirer la peau brûlée en laissant quelques bouts noircis. Couper les légumes grillés en dés de taille uniforme et mettre dans un grand saladier.

Ajouter les haricots noirs, la coriandre, l'oignon et la vinaigrette et mélanger pour enduire les ingrédients uniformément. Servir chaude ou à température de la pièce.

VINAIGRETTE

huile d'olive extra-vierge : ¼ tasse (2 oz liq./60 ml)

jus de lime frais : 3 c. à soupe

vinaigre de vin rouge : 2 c. à soupe

cumin et chili en poudre : 1 c. à soupe chacun

sel : 1 c. à thé

poivre moulu : ½ c. à thé

sauce au piment fort

oignons : 2 petits, coupés en quartiers

poivrons jaunes et rouges : 2 chacun, coupés en quartiers et épépinés

piments Anaheim et Jalapeño : 2 chacun, coupés en deux et épépinés

haricots noirs : 2 boîtes (15 oz/470 g chacune), égouttés et rincés

coriandre fraîche : 1 botte, les feuilles seulement, hachée

oignon rouge : 1 moyen, coupé en dés

IMPORTED BEER
Modelo

Cocktails

MOJITO AUX ORANGES SANGUINES

RENDEMENT : 4 COCKTAILS

- **menthe fraîche :** 20 feuilles, plus 4 tiges de menthe pour garnir
- **sirop simple :** 4 oz liq. (125 ml) (voir ci-dessous)
- **rhum blanc :** 3 oz liq. (90 ml)
- **jus de lime frais :** 4 oz liq. (125 ml) (environ 4 limes)
- **eau pétillante :** 750 ml (24 oz liq.)
- **oranges sanguines :** 2, coupées en deux

Ce mojito est un cocktail cubain classique. Dans cette variante, la lime et la menthe sont rehaussées d'oranges sanguines qui sont normalement en saison vers la fin de l'hiver jusqu'à la mi-printemps. On peut multiplier cette recette au besoin.

Remplir de glace 4 verres à gin. Dans un pichet en verre, combiner les feuilles de menthe et le sirop simple. Avec un bâtonnet ou pilon, mélanger délicatement les feuilles de menthe en prenant soin de ne pas les déchirer. Incorporer le rhum et le jus de lime. Remplir les verres aux deux tiers environ avec le mélange en s'assurant d'avoir quelques feuilles de menthe dans chaque verre. Terminer par de l'eau pétillante, sans trop remplir, puis remuer. À l'aide d'un presse-agrumes, presser une moitié d'orange au-dessus de chaque verre. Garnir d'une tige de menthe et servir.

PANACHÉ À LA LIME ET À LA GOYAVE

RENDEMENT : 6 COCKTAILS

- **nectar de goyave :** 18 oz liq. (560 ml)
- **rhum blanc :** 9 oz liq. (280 ml)
- **jus de lime frais :** 3 oz liq. (90 ml) (environ 3 limes)
- **sirop simple :** 3 oz liq. (90 ml) (voir note)
- **eau pétillante :** 24 oz liq. (750 ml)
- **quartiers de lime :** 6

La goyave est un fruit tropical avec une chair rose et des notes de pomme et de fraise. Le nectar de goyave est disponible dans les boutiques gastronomiques et les épiceries mexicaines. Cette recette peut être multipliée au besoin.

Remplir de glace 6 verres à gin. Dans un pichet, mélanger le nectar de goyave, le rhum, le jus de lime et le sirop simple. Verser dans les verres et terminer par une rasade d'eau pétillante. Garnir chaque cocktail d'une paille et d'un quartier de lime et servir.

COMMENT PRÉPARER UN SIROP SIMPLE

Dans une tasse à mesurer, mélanger ¼ tasse (1¼ oz/37 g) de sucre semoule et ¼ tasse (2 oz liq./60 ml) d'eau chaude jusqu'à dissolution. Laisser refroidir. Cette recette donne 3 oz liq. (90 ml) et peut être doublée ou triplée au besoin.

CAIPIRINHA

La cachaça est un rhum brésilien à base de jus de sucre de canne fraîchement pressé qui lui donne sa vive saveur. Le fait de remuer les limes permet d'extraire les huiles de la pelure. Attention de ne pas remuer trop vivement car cela donnera un goût amer.

RENDEMENT : 4 COCKTAILS

limes : 2 grosses

sucre semoule : ¼ tasse (2 oz/60 g)

cachaça : 8 oz liq. (250 ml)

Préparer 4 verres à l'ancienne.

Retrancher les extrémités des limes et couper chaque lime en 8 quartiers. Mettre 4 quartiers dans chaque verre et saupoudrer de 1 c. à soupe de sucre. Avec un bâtonnet ou pilon, remuer vivement le sucre avec les limes jusqu'à ce que tout le jus soit extrait. Pour servir, remplir les verres de glace, terminer chacun avec 2 oz liq. (60 ml) de cachaça et remuer. Servir chaque cocktail avec une courte paille et un bâtonnet à cocktail.

LIMONADE PÉTILLANTE À LA MENTHE

L'été, la limonade est la boisson désaltérante par excellence. Son goût rafraîchissant peut être agrémenté par l'ajout d'eau pétillante et de menthe fraîche. Le résultat est un punch non alcoolisé semblable au mojito.

RENDEMENT : 12 COCKTAILS

feuilles de menthe fraîche : 1 tasse (1 oz/30 g) et un peu plus pour garnir

sirop simple (page 217) : 8 oz liq. (250 ml)

jus de citron frais : 1 tasse (8 oz liq./250 ml) (environ 4 gros citrons)

eau froide : 6 tasses (48 oz liq./1,5 litre)

eau pétillante : 24 oz liq. (750 ml)

rondelles de citron pour garnir

Dans un bol à punch, combiner les feuilles de menthe et le sirop simple. À l'aide d'un bâtonnet ou d'une cuillère en bois, remuer doucement les feuilles de menthe en prenant soin de ne pas les déchirer. Incorporer le jus de citron et l'eau froide en remuant. Ajouter la glace et 2 tasses (16 oz liq./500 ml) d'eau pétillante. Garnir de rondelles de citron et de feuilles de menthe.

RENDEMENT : 6 COCKTAILS

pêches : 4 (2 lb/1 kg), coupées en quatre et dénoyautées, plus 6 tranches pour garnir

eau froide : 6 tasses (48 oz liq./1,5 litre)

sucre semoule : ¼ tasse (2 oz/60 g) ou plus au goût

jus de lime frais : 1 oz liq. (30 ml) (environ 1 lime)

extrait de vanille pur

AGUA FRESCA À LA PÊCHE D'ÉTÉ

L'agua fresca, *eau fraîche en espagnol, est un cocktail sucré semblable à un jus que l'on peut préparer à partir de divers fruits. Les pêches donnent une* agua fresca *délicieuse. La vanille rehausse la saveur mais attention de ne pas en mettre plus d'une goutte pour ne pas écraser les autres saveurs.*

Dans un mélangeur, combiner les pêches, l'eau, ¼ tasse de sucre, le jus de lime et 1 goutte de vanille et mélanger pour obtenir un mélange lisse. Goûter et ajouter du sucre si désiré. Verser dans un tamis fin au-dessus d'un pichet ; jeter la pulpe. Passer de nouveau dans un tamis pour éclaircir davantage, si désiré. Couvrir et réfrigérer pour refroidir complètement.

Pour servir, remplir de glace 6 verres à l'ancienne. Remuer l'*agua fresca*, puis verser sur la glace. Garnir chaque cocktail d'une tranche de pêche.

RENDMENT : 6 BREUVAGES

thé oolong : 5 sachets

thé à l'orange épicé : 3 sachets

eau bouillante : 20 oz liq. (625 ml)

bicarbonate de soude

miel : 1 c. à soupe, et un peu plus au goût

eau froide : 4 tasses (32 oz liq./1 litre)

quartiers de citron pour garnir

LE THÉ GLACÉ PARFAIT

Dans cette recette, le bicarbonate de soude atténue l'amertume et empêche le thé de devenir brouillé. Préparez toujours le thé glacé dans un contenant de verre ou de céramique, jamais dans un contenant de plastique.

Mettre les sachets de thé dans un pichet et verser l'eau bouillante dessus. Ajouter une pincée de bicarbonate de soude, couvrir et laisser infuser 4 minutes. Retirer et jeter les sachets ; ne pas les presser. Incorporer le miel et l'eau froide. Laisser refroidir à température de la pièce ; ne pas réfrigérer si le mélange est encore chaud. Remplir de glace 6 grands verres et y verser le thé. Garnir chaque breuvage d'un quartier de citron et servir.

NEWCASTLE
BROWN ALE

Corona
Extra

DIRTY MARTINI AU LIMONCELLO

Le limoncello provient du sud ensoleillé de l'Italie et est préparé en infusant un spiritueux neutre avec de la pelure de citron, puis en le sucrant avec du sucre. En Italie, on le sert dans de très petits verres en apéritif ou comme digestif. En combinaison avec le vermouth, il produit un cocktail délicieux.

RENDEMENT : 4 COCKTAILS

- **zestes de citron :** 4
- **4 olives**
- **limoncello :** 2 oz liq. (60 ml)
- **vodka :** 8 oz liq. (250 ml)
- **vermouth très sec :** 2 oz liq. (60 ml)
- **saumure d'olive :** 1 oz liq. (30 ml)

Envelopper chaque zeste de citron autour d'une olive et fixer avec un cure-dent.

Refroidir 4 verres à martini au congélateur jusqu'à ce qu'ils soient givrés. Dans un pichet de verre, combiner le limoncello, la vodka et la saumure d'olive. Remplir de glace le pichet, de la moitié aux trois-quarts et remuer jusqu'à ce qu'il soit bien froid. Verser dans une passoire au-dessus des verres, garnir chaque cocktail d'une olive avec zeste et servir.

MARGARITA GLACÉ AUX FRUITS DE LA PASSION

Le fruit de la Passion est très acide et on peut donc diminuer la quantité de lime qu'il faudrait pour une margarita traditionnelle. Si vous préférez une margarita sur glace, mélangez le cocktail plus rapidement, puis passez-le dans un verre rempli de glace.

RENDEMENT : 4 COCKTAILS

- **nectar de fruit de la Passion :** 8 oz liq. (250 ml)
- **téquila argentée :** 6 oz liq. (180 ml)
- **jus de lime frais :** 3 oz liq. (90 ml) (environ 3 limes)
- **sirop simple (page 217) :** 2 oz liq. (60 ml)
- **glace**
- **quartiers de citron :** 6

Refroidir 4 verres à whisky au congélateur jusqu'à ce qu'ils soient givrés. Dans un mélangeur, combiner le nectar de fruit de la Passion, la téquila, le jus de lime, le sirop simple et la glace. Actionner à haute vitesse jusqu'à ce que le mélange soit lisse et consistant. Verser dans les verres refroidis, garnir chaque cocktail d'un quartier de lime et servir.

BLACK & TAN

RENDEMENT : 4 COCKTAILS

ale telle que Bass : 3 bouteilles (12 oz liq./375 ml chacune), refroidie

stout tel que Guinness : 2 canettes (16 oz liq./500 ml chacune), refroidi

Servi pendant plus d'un siècle dans les pubs britanniques, le Black & Tan consiste en une couche de stout qui repose sur une ale plus dense. La proportion est souvent moitié-moitié mais un rapport de 9 oz liq. (280 ml) d'ale à 7 oz liq. (220 ml) de stout donne un meilleur coup d'œil et a meilleur goût dans un verre à bière.

Refroidir 4 verres à bière au congélateur jusqu'à ce qu'ils soient givrés. Remplir les verres refroidis d'ale jusqu'à la moitié. Tenir une cuillère large à l'envers juste au-dessus de l'ale, puis verser doucement le stout sur la cuillère jusqu'à ce que le verre soit plein et servir.

ARNOLD PALMER ALCOOLISÉ

RENDEMENT : 4 COCKTAILS

jus de citron frais : 2 oz liq. (60 ml) (environ 3 gros citrons)

sirop simple (page 217) : 2 oz liq. (60 ml)

eau froide : 1½ tasse (12 oz liq./375 ml)

gin : 4 oz liq. (125 ml)

thé glacé parfait (page 219) : 12 oz liq. (375 ml)

zestes de citron : 4

La boisson préférée et éponyme du champion de golf, ce breuvage non alcoolisé n'est rien d'autre qu'un mélange égal de thé glacé et de limonade. On le convertit facilement en cocktail en y ajoutant un spiritueux.

Pour préparer la limonade, dans une tasse à mesurer, mélanger le jus de citron, le sirop simple et l'eau.

Remplir de glace 4 verres à gin. Verser 1 oz liq. (30 ml) de gin dans chaque verre. Ajouter 3 oz liq. (90 ml) de thé glacé et 2 oz (60 ml) de limonade et remuer pour mélanger. Garnir chaque cocktail d'un zeste de citron et servir.

PURE
BRISTLES

Sauces • Marinades • Sels à frotter

Tableau d'accords grillades et condiments

Les combinaisons de saveurs

L'art des grillades est l'habileté de marier les saveurs. Utilisez le tableau ci-dessous pour combiner les sauces, marinades, sels à frotter ou glaces avec les aliments que vous mettez sur le gril.

	SAUCES	MARINADES	SELS À FROTTER	GLACES
BŒUF	barbecue de base, 231 barbecue à la mélasse, 231 à tremper au gingembre, 236 Salsa verde, 238	à la coriandre et à la lime, 238 à la téquila et à la lime, 240 à l'adobo, 240 au bourbon, 241	sicilien, 243 au chili, 245	à la moutarde, 246 au soya, 248
PORC	barbecue de base, 231 barbecue à la mélasse, 231 piri-piri portugaise, 232 de Memphis, 232 barbecue de base, 231	à l'adobo, 240 au bourbon, 241 à la bière brune, 243	aux herbes de Provence, 244 au chili, 245	à la moutarde, 246 épicée au miel, 246
VOLAILLE	barbecue à la mélasse, 231 piri-piri portugaise, 232	à l'adobo, 240 épicée, 237 Jerk, 241 au bourbon, 241 à la bière brune, 243	sicilien, 243 aux herbes de Provence, 244 à la cassonade et aux herbes, 244 au chili, 245	à la moutarde, 246 aux agrumes, 248 au soya, 248
POISSON	piri-piri portugaise, 232 recado rojo, 233 Salsa verde, 238	à la coriandre et à la lime, 238 à la téquila et à la lime, 240	sicilien, 243 aux herbes de Provence, 244 au raifort, 245	aux agrumes, 248 au soya, 248
LÉGUMES	barbecue de base, 231 aigre-douce, 233 Salsa verde, 238	à la coriandre et à la lime, 238 à la téquila et à la lime, 240 épicée, 237 Jerk, 241	sicilien, 243 aux herbes de Provence, 244 au chili, 245 au raifort, 245	aux agrumes, 248 au soya, 248

SAUCE BARBECUE DE BASE

RENDEMENT : 2 TASSES (16 OZ LIQ./500 ML)

- **huile d'olive :** 2 c. à soupe
- **beurre non salé :** 2 c. à soupe
- **oignon doux :** 1 petit, coupé en dés
- **sel et poivre moulu**
- **cassonade pâle :** 1 c. à soupe
- **chili en poudre et cumin moulu :** 1 c. à thé chacun
- **ketchup aux tomates :** 1½ tasse (12 oz liq./375 ml)
- **sauce barbecue préparée :** ½ tasse (4 oz/125 g)
- **mélasse :** 2 c. à soupe
- **sauce worcestershire :** 1 c. à soupe

Servez cette sauce sucrée et savoureuse avec les viandes et légumes grillés. Elle a la consistance d'une purée mais on peut laisser quelques morceaux si on préfère.

Dans une casserole épaisse à feu moyen, faire chauffer l'huile et fondre le beurre. Ajouter l'oignon et 2 c. à soupe d'eau et assaisonner avec du sel et du poivre. Couvrir et cuire 5 – 7 minutes, en remuant à l'occasion, jusqu'à ce que les oignons soient très tendres. Incorporer la cassonade, le chili en poudre et le cumin jusqu'à ce que les oignons soient bien enduits d'épices. Incorporer le ketchup, la sauce barbecue, la mélasse et la sauce worcestershire. Laisser mijoter 15 minutes. Verser la sauce dans un mélangeur pour obtenir une consistance lisse. Rectifier l'assaisonnement.

Utiliser immédiatement ou couvrir de façon hermétique et réfrigérer jusqu'à 1 semaine.

SAUCE BARBECUE À LA MÉLASSE

RENDEMENT : 1 TASSE (8 OZ LIQ./250 ML)

- **vinaigre de cidre :** ½ tasse (4 oz liq./125 ml)
- **mélasse :** ¼ tasse (3 oz/90 g)
- **bourbon :** ¼ tasse (2 oz liq./60 ml)
- **cassonade pâle :** ¼ tasse (2 oz/60 g)
- **ketchup aux tomates :** 2 c. à soupe
- **moutarde sèche :** 1 c. à soupe
- **ail granulé, chili en poudre, origan séché, piment de la Jamaïque, sel et poivre moulu :** 1 c. à thé chacun
- **cannelle moulue :** ½ c. à thé
- **sauce au piment fort**

Cette sauce à la mélasse et au bourbon est un bon choix pour remplacer les sauces du commerce à base d'édulcorants et de saveurs artificiels. Consistante et foncée, elle est délicieuse avec les hamburgers et le bœuf.

Dans une petite casserole à feu moyen, combiner le vinaigre, la mélasse, le bourbon, la cassonade, la moutarde, l'ail granulé, le chili en poudre, l'origan, le piment de la Jamaïque, le sel, le poivre, la cannelle et la sauce au piment fort au goût. Porter à ébullition en fouettant pour dissoudre le sucre. Réduire le feu à moyen-doux et laisser mijoter 15 – 20 minutes jusqu'à épaississement.

Utiliser immédiatement ou couvrir de façon hermétique et réfrigérer jusqu'à 1 semaine.

SAUCE PIRI-PIRI PORTUGAISE

RENDEMENT : 2 TASSES (16 OZ LIQ./500 ML)

- **Piments piri-piri, piments de Cayenne ou piments thaïs :** 10-20, environ 1½ tasse (12 oz/375 g), épépinés et hachés grossièrement
- **pâte de piment fort, de préférence massa de pimentão (pâte de poivron rouge) :** 3 c. à soupe
- **vinaigre blanc distillé :** ¼ tasse (2 oz liq./60 ml) et un peu plus au besoin
- **sel :** 1½ c. à thé

Lorsque les marins portugais rentraient des colonies d'Amérique du Sud et d'Afrique, ils rapportaient des piments piri-piri qui sont devenus un aliment de base dans le monde lusophone.

Dans un bocal en verre, combiner les piments, la pâte de piment, le vinaigre et le sel. Ajouter suffisamment d'eau pour couvrir les piments. Couvrir de façon hermétique et bien agiter. Réfrigérer au moins 3 jours ou jusqu'à 3 semaines.

Verser le mélange dans un mélangeur et réduire en purée. Rectifier l'assaisonnement en sel, en vinaigre et en eau ; la sauce doit être très piquante.

Utiliser immédiatement ou couvrir de façon hermétique et réfrigérer jusqu'à 1 mois.

SAUCE DE MEMPHIS

RENDEMENT : 2 TASSES (16 OZ LIQ./500 ML)

- **vinaigre de cidre :** 2 tasses (16 oz liq./250 ml)
- **gros sel :** 1 c. à soupe
- **sucre granulé :** 1 c. à soupe
- **oignon :** 1 petit, tranché finement
- **flocons de piment fort :** 1 c. à soupe
- **poivre concassé :** 1 c. à soupe

Dans la cuisine barbecue authentique du sud des États-Unis, les sauces à napper à base de vinaigre sont utilisées pour badigeonner le porc sur le gril ou dans un foyer extérieur. Pour rehausser la saveur, ajoutez une goutte de sauce au piment fort.

Dans un grand bol, fouetter le vinaigre, le sel et le sucre. Incorporer l'oignon, les flocons de piment fort et le poivre noir. Verser dans un contenant de grande taille.

Utiliser immédiatement ou couvrir de façon hermétique et réfrigérer jusqu'à 1 semaine

RENDEMENT : 1 TASSE (8 OZ LIQ./250 ML)

- **jus de lime frais :** ¼ tasse (2 oz liq./60 ml) (environ 2-3 limes)
- **ketchup aux tomates :** ½ tasse (4 oz liq./125 ml)
- **sauce soya :** 1 c. à soupe
- **sirop d'agave léger :** 1 c. à soupe
- **sucre granulé :** 1 c. à soupe
- **sauce chili thaïe sucrée :** 1 c. à soupe, et un peu plus au goût

SAUCE AIGRE-DOUCE

Les composantes acidulées, salées et sucrées caractérisent une bonne sauce aigre-douce. Pour plus de piquant, on y ajoute une sauce chili thaïe sucrée à votre discrétion. On peut facilement doubler cette recette.

Dans un bol non réactif (acier inoxydable ou verre), fouetter le jus de lime et le ketchup. Incorporer la sauce soya, le sirop d'agave, le sucre et la sauce chili. Rectifier l'assaisonnement en ajoutant du jus de lime ou de la sauce soya.

Utiliser immédiatement ou couvrir de façon hermétique et réfrigérer jusqu'à 1 mois.

RENDEMENT : ¾ TASSE (6 OZ/180 G)

- **graines de rocou et grains de poivre noir :** 1 c. à soupe chacun
- **piments de la Jamaïque entiers :** 3
- **cannelle moulue :** ¼ c. à thé
- **jus d'orange amère en bouteille :** ¼ tasse (2 oz liq./60 ml)
- **ail :** 4 gousses, écrasées pour faire une pâte
- **vinaigre blanc distillé :** 1 c. à thé

SAUCE RECADO ROJO

On trouve du jus d'orange amère dans les épiceries mexicaines ou latino-américaines. Si vous n'en trouvez pas, remplacez-le par ¼ tasse (2 oz liq./60 ml) de jus d'orange frais et 2 c. à soupe de jus de lime.

Dans un moulin à épices ou mélangeur, combiner les graines de rocou, les grains de poivre, les piments de la Jamaïque et la cannelle et réduire en une poudre fine. Dans un bol, mélanger les épices, le jus d'orange amère, la pâte d'ail et le vinaigre.

Couvrir et réfrigérer 30 minutes avant l'utilisation.

SAUCE À TREMPER ASIATIQUE

Le mirin est une sorte de vin de riz qui ajoute douceur et saveur à la sauce. On le trouve dans les marchés asiatiques. Sinon, vous pouvez le remplacer par une autre variété de vin de riz.

RENDEMENT : 1 TASSE (8 OZ LIQ./250 ML)

- **Aspoire asiatique :** 1
- **oignons verts :** 2
- **ail :** 2 – 3 gousses, émincées
- **sauce soya et xérès sec :** ½ tasse (4 oz liq./125 ml) chacun
- **mirin et huile de sésame asiatique :** 2 c. à soupe chacun
- **cassonade pâle :** 1 c. à soupe
- **miel :** 1 c. à soupe
- **gingembre frais :** 2 c. à thé, pelé et râpé
- **flocons de piment fort et graines de sésame grillées :** 1 c. à thé chacun

Peler, évider et hacher finement la poire. Parer les oignons verts en conservant 1 po (2,5 cm) des parties vert tendre, puis trancher finement.

Dans un bol non réactif (acier inoxydable ou verre), fouetter la poire, les oignons verts, l'ail, la sauce soya, le xérès, le mirin, l'huile de sésame, la cassonade, le miel, le gingembre, les flocons de piment fort et les graines de sésame.

Transférer dans un petit bol de service et servir immédiatement.

SAUCE À TREMPER AU GINGEMBRE

Le goût rafraîchissant et légèrement sucré du gingembre se marie bien au poisson et au bœuf. Utilisez cette sauce pour accompagner brochettes de viandes ou fruits de mer grillés. On peut remplacer le piment chili thaï par un piment serrano rouge.

RENDEMENT : 1 TASSE (8 OZ LIQ./250 ML)

- **sauce soya :** ¼ tasse (4 oz liq./125 ml)
- **mirin :** ½ tasse (2 oz liq./60 ml)
- **huile de sésame asiatique :** 2 c. à soupe
- **le jus d'une lime**
- **miel :** 1–2 c. à soupe
- **gingembre frais :** 2 c. à soupe, pelé et émincé
- **ail :** 2 gousses, émincées
- **piment chili thaï :** 1, tranché finement (facultatif)

Dans un bol moyen, fouetter la sauce soya, le mirin, l'huile de sésame, le jus de lime et le miel. Incorporer le gingembre, l'ail et le piment chili, le cas échéant.

Transférer dans un petit bol de service et servir immédiatement.

SAUCE À TREMPER AU BASILIC ET À L'AIL VERT

RENDEMENT : 1 TASSE (8 OZ LIQ./250 ML)

- **feuilles de basilic frais :** ½ tasse (½ oz/15 g)
- **huile d'olive :** ¼ tasse (2 oz liq./60 ml)
- **ail :** 4 gousses, tranchées
- **ail vert :** 2 têtes, hachées
- **échalote :** 1, émincée
- **vin blanc :** 1-2 c. à soupe
- **bouillon de poulet :** ¼ tasse (2 oz liq./60 ml)
- **sel et poivre moulu**

Cette sauce à tremper demande du bouillon de poulet mais on peut utiliser du bouillon de légumes. Procurez-vous un produit faible en sel de manière à pouvoir doser le sel vous-même.

Dans une casserole moyenne à feu vif, porter 1 tasse (8 oz liq./250 ml) d'eau salée à ébullition. Préparer un bol plein de glace et d'eau froide. Ajouter les feuilles de basilic à l'eau bouillante et blanchir 20 - 30 secondes. Égoutter, puis plonger dans l'eau glacée. Égoutter de nouveau et éponger avec un essuie-tout. Retourner la casserole sur un feu moyen. Faire chauffer l'huile et incorporer l'ail, l'ail vert, l'échalote et le vin. Couvrir et cuire 3 – 5 minutes jusqu'à tendreté. Ajouter les feuilles de basilic et cuire 10 – 20 secondes de plus.

Verser le mélange dans un mélangeur. Réduire en purée en ajoutant le bouillon de poulet pour obtenir sauce lisse et versable. Rectifier l'assaisonnement en sel et poivre. Servir immédiatement.

MARINADE ÉPICÉE

RENDEMENT : ¾ TASSE (6 OZ LIQ./180 ML)

- **gingembre frais :** 2 c. à soupe, pelé et râpé
- **sauce soya :** ½ tasse (4 oz liq./125 ml)
- **sauce de poisson et huile de sésame :** 2 c. à soupe chacun
- **ail :** 3 gousses, émincées
- **oignons verts :** 2, tranchés finement
- **échalote moyenne :** 1, émincée
- **piment chili thaï :** 1, épépiné et tranché finement
- **zeste et jus d'une lime**

Cette marinade sert également de sauce à tremper. Servez-la avec la volaille ou le bœuf grillé pour ajouter une touche asiatique. On trouve la sauce de poisson et l'huile de sésame dans les marchés asiatiques ou dans la plupart des supermarchés bien garnis.

Dans un bol moyen, fouetter le gingembre, la sauce soya, la sauce de poisson, l'huile de sésame, l'ail, les oignons verts, l'échalote, le piment chili et le zeste et jus de lime.

Utiliser comme marinade ou transférer dans un petit bol de service pour utiliser comme sauce à tremper. Servir immédiatement.

MARINADE À LA CORIANDRE ET À LA LIME

RENDEMENT : 2 TASSE (16 OZ LIQ./500 ML)

limes : 8-10

coriandre fraîche : 1 botte, les feuilles et les tiges tendres seulement

huile végétale telle que canola, carthame ou pépin de raisin : ¼ tasse (2 oz liq./60 ml)

Cette marinade ajoute une touche exotique à tout ce que vous mettez sur le gril. Utilisez-la pour mariner un bifteck de bas de surlonge ou de flanc jusqu'à 1 heure et tout au plus 5 minutes minutes tout au plus pour le poisson et les crustacés.

À l'aide d'une râpe de type Microplane, râper le zeste de lime pour obtenir 2 c. à soupe ; couper les limes en deux et extraire le jus pour obtenir 1 tasse (8 oz liq./250 ml). Dans un mélangeur ou robot culinaire, combiner le zeste et jus de lime avec la coriandre. Pulser plusieurs fois, puis racler les parois du bol avec une spatule en caoutchouc. Ajouter l'huile et pulser quelques coups pour l'incorporer.

La marinade devrait être utilisée le jour même alors qu'elle est au maximum de sa saveur mais on peut la couvrir de façon hermétique et la réfrigérer jusqu'à 2 jours.

SALSA VERDE

RENDEMENT : 2 TASSES (16 OZ LIQ./500 ML)

piments Jalapeño ou serrano : 3

tomatilles : 6

coriandre fraîche et persil italien frais : 1 botte chacun

petit oignon blanc : 1, coupé en quartiers

ail : 6 gousses

gros sel et poivre moulu

jus de lime frais : 2 c. à soupe et un peu plus au goût

huile de pépin de raisin : ¼ tasse (2 oz liq./60 ml)

Cette délicieuse salsa verte convient aussi bien aux tortillas qu'aux viandes grillées de toutes sortes. Elle ajoute un peu de piquant et un goût mexicain.

Couper les piments chili en quartiers et épépiner. Laisser quelques pépins, si désiré, pour relever la salsa. Écosser les tomatilles et les couper en quartiers.

Cueillir les feuilles et les tiges tendres de la coriandre. Réserver.

Dans un robot culinaire, combiner les piments chili, les tomatilles, les feuilles et tiges de coriandre, le persil, l'oignon, l'ail, 1 c. à soupe de sel et de poivre et 2 c. à soupe de jus de lime. Pulser plusieurs fois pour combiner en laissant des morceaux. Incorporer l'huile de pépin de raisin. Rectifier l'assaisonnement en sel, poivre et jus de lime ; la salsa devrait être d'un vert vif. Servir immédiatement ou couvrir de façon hermétique et réfrigérer jusqu'à 2 jours.

MARINADE À LA TÉQUILA ET À LA LIME

Voici une marinade rafraîchissante qui convient au bœuf, au poulet, au poisson et aux crustacés grillés. La téquila et la lime sont excellentes en combinaison avec la coriandre fraîche, l'ail et les oignons.

Dans une poêle sèche à feu moyen, griller les graines de coriandre et les grains de poivre 3 – 4 minutes jusqu'à ce qu'ils dégagent un arôme. Transférer dans une assiette et laisser refroidir complètement. Verser les épices dans un moulin à épices ou mélangeur et réduire en une poudre grossière.

Râper le zeste d'une lime. Couper les autres limes en deux et extraire le jus au besoin pour obtenir ½ tasse (4 oz liq./125 ml).

Dans un bol, combiner le zeste et jus de lime, téquila, huile, sucre, oignon, ail, coriandre, cumin, sel et le mélange d'épices grillées jusqu'à dissolution du sucre. Utiliser immédiatement ou couvrir de façon hermétique et réfrigérer jusqu'à 1 jour.

RENDEMENT : 2 TASSES (16 OZ LIQ./500 ML)

- **Graines de coriandre et grains de poivre :** 1 c. à soupe chacun
- **limes :** 6-8
- **téquila :** ¾ tasse (6 oz liq./180 ml)
- **huile de canola :** ½ tasse (4 oz liq./125 ml)
- **sucre granulé :** ¼ tasse (2 oz/60 g)
- **oignon blanc :** 1 petit, tranché
- **ail :** 3 gousses, émincées
- **coriandre fraîche :** ¾ tasse (1 oz/30 g)
- **cumin moulu :** ½ c. à thé
- **gros sel :** 2 c. à thé

MARINADE À L'ADOBO

Cette marinade confère un goût de fumée épicée aux viandes, typique des plats mexicains tels que burritos, quesadillas, tostadas et tacos. Elle se sert également comme condiment épicé pour un bar à fajitas.

À l'aide d'un couteau économe, retirer deux lanières de zeste d'orange d'une longueur de 3 po (7,5 cm) et d'une largeur de ½ po (12 mm). Couper les autres oranges en deux et extraire le jus pour obtenir ¾ tasse (6 oz liq./180 ml) de jus.

Épépiner les piments chipotle ou laisser quelques pépins si désiré pour une marinade plus relevée.

Dans une casserole en verre ou en acier inoxydable, combiner tous les ingrédients et porter à ébullition. Réduire le feu et laisser mijoter environ 10 minutes jusqu'à réduction du tiers. Laisser refroidir. Retirer et jeter les lanières de zeste. Verser le mélange dans un mélangeur et actionner pour obtenir une consistance lisse. Utiliser immédiatement ou couvrir de façon hermétique et réfrigérer jusqu'à 2 jours.

RENDEMENT : 2 TASSES (16 OZ LIQ./500 ML)

- **oranges :** 2-4
- **piments chipotle à l'adobo en conserve :** 6, plus 2 c. à soupe de sauce adobo
- **vin blanc :** ½ tasse (4 oz liq./125 ml)
- **oignon jaune :** ½ tasse (2 oz/60 g)
- **ail :** 6 gousses
- **jus de lime frais :** ¼ tasse (2 oz liq./60 ml)
- **pâte de tomate :** 2 c. à soupe
- **origan séché :** 2 c. à thé
- **cumin moulu, gros sel, poivre et chili en poudre :** 1 c. à thé chacun
- **sauce au piment fort :** 2 gouttes

MARINADE AU BOURBON

RENDEMENT : $1\frac{1}{2}$ TASSE (12 OZ LIQ./375 ML)

- **bourbon :** 1 tasse (8 oz liq./250 ml)
- **sirop d'agave léger :** ¼ tasse (2 oz liq./60 ml)
- **cassonade pâle :** ¼ tasse (2 oz/60 g), légèrement tassée
- **piments de la Jamaïque entiers :** 5 ou 1 c. à thé de piment de la Jamaïque moulu
- **clous de girofle entiers :** 5
- **poivre concassé :** 1 c. à soupe

Cette marinade sucrée ajoute un parfum subtil de bourbon aux grillades. Elle est délicieuse avec le poulet, la dinde, le gibier à plumes, les côtes de bœuf et les côtes de porc. Vous pouvez utiliser d'autres variétés de whisky à la place du bourbon.

Dans un petit bol, fouetter le bourbon, le sirop d'agave et la cassonade jusqu'à dissolution du sucre. Incorporer les piments de la Jamaïque, les clous de girofle et le poivre.

Utiliser pour mariner la viande ou la volaille au moins 1-2 heures ou couvrir de façon hermétique et réfrigérer jusqu'à 2 jours.

MARINADE JERK

RENDEMENT : 2 TASSES (16 OZ LIQ./500 ML)

- **piments chili Scotch Bonnet :** 2-3
- **rhum foncé :** ¼ tasse (2 oz liq./60 ml)
- **gingembre frais :** 2 c. à soupe, pelé et râpé
- **oignon jaune :** 1, haché
- **échalotes :** 2, coupées en quartiers
- **oignons verts :** 1 botte, hachés
- **ail :** 2 gousses, hachées grossièrement
- **cassonade pâle :** 3 c. à soupe
- **sauce soya :** 4 c. à soupe
- **huile d'olive, jus de lime et vinaigre de malt :** 3 c. à soupe ch.
- **feuilles de thym frais :** 1 c. à soupe
- **piment de la Jamaïque moulu :** 2 c. à thé
- **sel et poivre moulu**

L'assaisonnement Jerk provient de la Jamaïque dans les Antilles ; c'est typiquement une combinaison de piments chili et d'autres épices. Dans cette recette, on ajoute du rhum foncé pour lui donner le goût des îles.

Épépiner les piments chili et les hacher grossièrement.

Dans une petite casserole à feu moyen-vif, porter le rhum et 2 c. à soupe d'eau à ébullition et cuire 2 minutes. Réserver.

Dans un mélangeur ou robot culinaire, combiner le gingembre, les piments chili, le mélange au rhum, l'oignon, les échalotes, les oignons verts, l'ail, la cassonade, la sauce soya, l'huile, le jus de lime, le vinaigre de malt, le thym, le piment de la Jamaïque, 2 c. à thé de sel, 1 c. à thé de poivre et 1 tasse (8 oz liq./250 ml) d'eau. Réduire en une pâte lisse, en ajoutant de l'eau au besoin. Rectifier l'assaisonnement en sel et poivre. Couvrir et réfrigérer 4 – 5 heures avant l'utilisation.

MARINADE À LA BIÈRE BRUNE

RENDEMENT : 1¼ TASSE (10 OZ/315 G)

bière brune : 6 oz liq. (375 ml)

jus de pomme concentré : ½ tasse (4 oz liq./125 ml), dégelé

cassonade pâle : ¼ tasse (2 oz/60 g), bien tassée

gros sel et poivre concassé : 1 c. à soupe chacun

romarin frais : 1 c. à soupe

piments de la Jamaïque entiers : 5

clous de girofle entiers : 3

Cette marinade confère une saveur intense de malt aux viandes grillées. Utilisez-la pour le porc, le gibier à plumes et les volailles. Pour un meilleur résultat, choisissez une bière brune de première qualité telle que la Guinness.

Dans un bol non réactif (acier inoxydable ou verre), combiner la bière, le jus de pomme concentré, la cassonade, le sel, le poivre, le romarin, les piments de la Jamaïque et les clous de girofle.

Utiliser pour mariner la viande pendant au moins 1 – 2 heures ou couvrir de façon hermétique et réfrigérer jusqu'à 2 jours.

SEL À FROTTER SICILIEN

RENDEMENT : 1 TASSE (8 OZ/250 G)

romarin, origan, marjolaine, thym et sarriette séchés : 2 c. à soupe chacun

ail granulé ou ail frais râpé : 1 c. à soupe

gros sel : 2 c. à soupe

poivre concassé : 1 c. à soupe

flocons de piment chili déshydratés : 1 c. à thé

Les cuisiniers italiens utilisent les herbes séchées pour assaisonner les aliments avant de les griller. Utilisez ce mélange comme sel à frotter passe-partout pour les volailles, le bœuf, le veau ou l'agneau et goûtez à l'Italie du Sud.

Dans un petit bol, à l'aide des doigts, émietter le romarin, l'origan, la marjolaine, le thym et la sarriette. Incorporer l'ail granulé, le sel, le poivre et les flocons de piment chili et bien mélanger.

Conserver dans un bocal avec couvercle hermétique à température de la pièce jusqu'à 1 semaine.

SEL À FROTTER À LA CASSONADE ET AUX HERBES

Ce sel à frotter sucré aux herbes rehausse la saveur de la volaille grillée. On peut remplacer la sauge et le thym frais par les mêmes herbes séchées en diminuant la quantité de moitié.

RENDEMENT : 1 TASSE (8 OZ/250 G)

- **gros sel et poivre concassé :** 2 c. à soupe chacun
- **cassonade pâle :** 2 c. à soupe, légèrement tassée
- **thym frais :** 1 c. à soupe, haché grossièrement
- **sauge fraîche :** 1 c. à soupe, hachée finement
- **ail granulé :** 1 c. à soupe

Dans un petit bol, combiner le sel, le poivre, la cassonade, le thym, la sauge et l'ail granulé.

Utiliser immédiatement ou couvrir de façon hermétique et conserver jusqu'à 1 semaine à température de la pièce.

SEL À FROTTER AUX HERBES DE PROVENCE

Ce mélange d'herbes séchées tout simple ajoute une touche typiquement méridionale à vos aliments. Utilisez-le pour aromatiser l'agneau, le poulet et les légumes d'été grillés tels que les courges, les courgettes et les tomates.

RENDEMENT : 1 TASSE (8 OZ/250 G)

- **romarin, thym, basilic, marjolaine, sarriette et origan séchés :** 2 c. à soupe chacun
- **lavande fraîche ou séchée :** 1 c. à thé
- **gros sel et poivre concassé :** 2 c. à soupe chacun

Dans un petit bol, à l'aide des doigts, émietter le romarin, le thym, le basilic, la marjolaine, la sarriette, l'origan et la lavande. Incorporer le sel et le poivre.

Utiliser immédiatement ou couvrir de façon hermétique et conserver jusqu'à 1 semaine à température de la pièce.

RENDEMENT : 1 TASSE (8 OZ/250 G)

racine de raifort : 1 morceau de 4-5 po (10-11 cm), pelé

gros sel : 2 c. à soupe

poivre blanc moulu : 1 c. à soupe

sucre granulé : 1 c. à soupe

vermouth, vodka ou vinaigre blanc distillé : 1-2 c. à soupe

SEL À FROTTER AU RAIFORT

Le raifort frais a un goût prononcé qui convient bien aux poissons grillés si on l'applique juste avant de griller. Utilisez ce sel pour assaisonner les poissons entiers, en darne ou en filet tels que le saumon, le tassergal, le maquereau et les sardines.

Râper finement le raifort pour obtenir ½ tasse (5 oz/155 g).

Dans un petit bol, combiner le raifort, le sel, le poivre blanc et le sucre. Incorporer le vermouth pour humecter le mélange.

Utiliser immédiatement ou couvrir de façon hermétique et conserver jusqu'à 1 semaine au réfrigérateur.

RENDEMENT : 1 TASSE (8 OZ/250 G)

gros sel : 3 c. à soupe

cassonade pâle : 2 c. à soupe, bien tassée

paprika : 1½ c. à soupe

poivre concassé et ail granulé : 1 c. à soupe chacun

moutarde sèche, cumin, chili en poudre et origan séché : 1 c. à thé chacun

SEL À FROTTER AU CHILI

Voici un sel à frotter tout usage pour une cuisson lente au barbecue. Utilisez-le pour aromatiser le bœuf, la volaille et le porc jusqu'au lendemain. On peut également l'appliquer sur la viande juste avant de griller.

Dans un moulin à épices ou mélangeur, combiner le sel, la cassonade, le paprika, le poivre, l'ail granulé, la moutarde, le cumin, le chili en poudre et l'origan. Réduire en une poudre grossière.

Utiliser immédiatement ou couvrir de façon hermétique et conserver jusqu'à 1 semaine à température de la pièce.

GLACE ÉPICÉE AU MIEL

Une des glaces les plus simples est une combinaison de miel et de vinaigre balsamique en parts égales. Dans cette variante, le goût est relevé par le piment chili et le poivre noir moulu.

Dans un bol non réactif (acier inoxydable ou verre), combiner le miel, le sirop d'agave et le vinaigre balsamique. Ajouter le poivre de Cayenne, le chili en poudre et le poivre. Bien mélanger.

Badigeonner sur des ailes de poulet, des cailles ou des crevettes sur le gril ou couvrir de façon hermétique et conserver au réfrigérateur jusqu'à 1 semaine.

RENDEMENT : 1 TASSE (8 OZ/250 G)

miel : ⅓ tasse (3 oz liq./80 ml)

sirop d'agave léger : 2 c. à soupe

vinaigre balsamique : 2 c. à soupe

poivre de Cayenne : 1 c. à thé

chili en poudre : 1 c. à thé

poivre moulu : 1 c. à thé

GLACE À LA MOUTARDE

On peut aromatiser la moutarde de Dijon de thym frais et de vermouth pour préparer une glace pour ailes de poulet imbattable. Badigeonnez cette glace sur l'agneau ou les côtes et les filets de porc pour obtenir une belle croûte grillée et épicée.

Dans un bol non réactif (acier inoxydable ou verre), combiner la moutarde de Dijon, la moutarde sèche et le thym.

Incorporer le vermouth au besoin jusqu'à ce que le mélange soit tartinable. Rectifier l'assaisonnement en sel et en poivre blanc ; la glace devrait avoir un goût prononcé et très épicé et être de couleur ambre.

Utiliser immédiatement ou couvrir de façon hermétique et conserver au réfrigérateur jusqu'à 1 semaine.

RENDEMENT : 1 TASSE (8 OZ/250 G)

moutarde de Dijon : ½ tasse (4 oz/125 g)

moutarde sèche : 1 c. à soupe

thym frais : 1 c. à thé ou ½ c. à thé de thym séché

vermouth sec : 2-3 c. à soupe

gros sel et poivre blanc moulu

GLACE AUX AGRUMES

Badigeonnez cette glace sur des ailes de poulet, un satay au poulet, des crustacés et des légumes d'été pour une cuisson sur le gril. Expérimentez, utilisez d'autres agrumes tels que le jus d'orange sanguine.

RENDEMENT : 1 TASSE (8 OZ LIQ./250 ML)

- **lime ou citron :** 1
- **jus d'orange concentré :** ½ tasse (4 oz liq./125 ml), dégelé ou 1 tasse (8 oz liq./250 ml) de jus d'orange frais, mijoté pour le réduire de moitié
- **vin blanc sec :** ¼ tasse (2 oz liq./60 ml) et un peu plus au besoin
- **sirop d'agave léger :** ¼ tasse (2 oz liq./60 ml)
- **gros sel :** ½ c. à thé

À l'aide d'une râpe de type Microplane, râper le zeste de la lime ; couper en deux et extraire le jus.

Dans une petite casserole, combiner les jus de lime et d'orange ainsi que le vin et porter à ébullition. Réduire le feu et ajouter le zeste de lime, le sirop d'agave et le sel. Laisser mijoter environ 10 min, en fouettant pour dissoudre le tout, jusqu'à ce que le mélange soit suffisamment épais pour napper le dos d'une cuillère. Incorporer un peu de vin au besoin, 1 c. à soupe à la fois, pour délayer la glace.

GLACE AU SOYA

Il s'agit peut-être de la plus simple des glaces pour les grillades, comprenant seulement deux ingrédients du garde-manger ; la dinde, le poulet, le canard et le gibier à plumes prendra une teinte d'acajou grâce à cette glace savoureuse.

RENDEMENT : 1¼ TASSE (10 OZ LIQ./310 ML)

- **sauce soya :** ½ tasse (4 oz liq./125 ml)
- **miel ou sirop d'agave léger :** ¾ tasse (6 oz liq./185 ml)

Dans un petit bol, fouetter la sauce soya et le miel.

Badigeonner sur la volaille pendant les dernières minutes de cuisson pour obtenir une teinte d'acajou ou couvrir de façon hermétique et conserver au réfrigérateur jusqu'à 1 semaine.

SAUMURE AUX POMMES ET AU BOURBON

RENDEMENT : 2 PINTES (64 OZ LIQ./2 LITRES)

- **cidre :** 4 tasses (32 oz liq./1 litre)
- **bourbon ou autre whisky :** 2 tasses (16 oz liq./500 ml)
- **gros sel :** ½ tasse (4 oz/125 g)
- **sucre granulé :** ½ tasse (4 oz/125 g)
- **oignon jaune :** 1, coupé en quartiers
- **feuilles de laurier entières :** 3-4

Une saumure ajoute non seulement du goût mais accroît la jutosité des grillades. Utilisez cette recette pour saumurer la dinde, le poulet et le gibier à plumes toute une nuit avant de les griller, les cuire au tournebroche ou les fumer.

Dans un seau propre en plastique de 5 gallons (20 litres), combiner le cidre et le bourbon. Incorporer le sel et le sucre en fouettant jusqu'à dissolution. Ajouter l'oignon et les feuilles de laurier.

Verser sur la dinde, le poulet ou le gibier à plumes dans un grand contenant, une mijoteuse ou un seau propre en plastique. Ajouter suffisamment d'eau pour couvrir et lester avec une assiette pour submerger la volaille dans la saumure.

MÉLANGE D'ASSAISONNEMENTS

RENDEMENT : ¾ TASSE (6 OZ/185 G)

- **sel de mer :** 3 c. à soupe
- **poivre blanc moulu :** 1 c. à soupe
- **paprika :** 1 c. à soupe
- **ail granulé :** 1 c. à soupe
- **thym frais :** 1 c. à soupe, haché
- **flocons de piment fort :** 1 c. à thé

Ce mélange sec est une combinaison d'épices et d'herbes utilisée pour rehausser la saveur des grillades. Appliquez-le sur des poissons à chair blanche ferme ou du bœuf avant de les mettre sur le gril.

Dans un petit bol, combiner le sel, le poivre blanc, le paprika, l'ail granulé, le thym et les flocons de piment fort.

Utiliser immédiatement ou couvrir de façon hermétique et conserver au réfrigérateur jusqu'à 1 semaine.

Condiments

BEURRE AUX ÉPICES ET AUX HERBES

Ce beurre composé est utilisé pour aromatiser la dinde grillée mais on peut l'utiliser dans d'autres recettes au beurre. On peut aussi le tartiner sur du pain grillé.

Dans un moulin à épices ou mélangeur, combiner les grains de poivre et les graines de fenouil et de coriandre. Réduire en une poudre grossière. Dans un petit bol, combiner la poudre d'épices, les herbes hachées, le beurre, l'ail granulé, le zeste et jus de citron et 1 c. à thé de sel.

Le beurre se conserve 1 semaine au réfrigérateur ou 3 mois au congélateur.

RENDEMENT : 1 TASSE (8 OZ/250 G)

grains de poivre blanc, graines de fenouil et graines de coriandre : 2 c. à soupe chacun, grillés

romarin, sauge et thym frais : 1 c. à soupe chacun, haché

beurre non salé : 1 tasse (8 oz/250 g) à température de la pièce

ail granulé : 1 c. à soupe

zeste et jus d'un citron

gros sel

BEURRE AU ROMARIN ET AU THYM

Pour que le romarin et le thym frais dégagent toute leur saveur, on doit les écraser et les cuire. Une petite noix de ce beurre sur du bœuf, du poulet, du porc ou du poisson ajoutera une abondance de goût et permettra d'humecter la viande.

Dans une petite casserole à feu moyen, faire fondre 1 c. à soupe de beurre. Ajouter le romarin, le thym et l'échalote. Cuire 1 – 2 minutes en remuant sans cesse jusqu'à ce qu'un arôme se dégage. Ajouter le vin et cuire 1 – 2 minutes de plus jusqu'à ce que le liquide soit presque évaporé. Retirer du feu et laisser refroidir.

Battre le reste du beurre en crème dans le bol d'un batteur sur socle muni d'un fouet à pales à vitesse moyenne jusqu'à consistance crémeuse. Incorporer le mélange aux herbes et à l'échalote. Étaler sur un morceau de papier parchemin, pliez et roulez (sans trop presser) et utiliser une règle pour compacter le cylindre.
Ce beurre se conserve 1 semaine au réfrigérateur ou 3 mois au congélateur.

RENDEMENT : ¼ LB (4 OZ/125 G)

beurre non salé : ¼ lb (8 c. à soupe), tempéré

feuilles de romarin frais : 2 c. à soupe, ciselées

feuilles de thym frais : 2 c. à soupe, ciselées

échalote : 1 c. à soupe, émincée

vin blanc : 2 c. à soupe

RENDEMENT : 2 TASSES (1 LB/500 G)

beurre non salé : ¼ lb (8 c. à soupe), tempéré

zeste et jus d'un citron

feuilles d'estragon frais : 2-3 c. à soupe, ciselées

sel et poivre blanc moulu

BEURRE À L'ESTRAGON ET AU CITRON

Le citron et l'estragon frais sont une combinaison typiquement française qui remonte à plus d'un siècle. Le goût d'agrume et d'anis de ce beurre rehausse les viandes, le poisson et les crustacés grillés.

Battre le beurre en crème dans le bol d'un batteur sur socle muni d'un fouet à pales jusqu'à consistance d'une mayonnaise. Ajouter graduellement 1-2 c. à soupe de jus de citron. Saler, poivrer et incorporer les feuilles d'estragon en battant.

Étaler sur un morceau de papier parchemin, pliez et roulez (sans trop presser) et utiliser une règle pour compacter le cylindre. Sinon, on peut passer le beurre à l'estragon et au citron dans une poche à douille munie d'une douille étoilée pour faire des fleurons sur une plaque à pâtisserie tapissée de papier parchemin et refroidir au réfrigérateur. Ce beurre se conserve 1 semaine au réfrigérateur ou 3 mois au congélateur.

RENDEMENT : ¼ LB (4 OZ/125 G)

beurre non salé : ¼ lb (8 c. à soupe), tempéré

poudre de wasabi pure : 2 c. à soupe

moutarde de Dijon : 1 c. à soupe

gingembre frais râpé : 2 c. à soupe, pressé pour extraire 1-2 c. à thé de jus de gingembre

BEURRE AU WASABI

Ce beurre composé aromatisé à la poudre de moutarde verte japonaise rehaussera un poisson frais pêché tel que tassergal, bar rayé, espadon, saumon, thon ou makaire.

Battre le beurre en crème à vitesse moyenne, dans le bol d'un batteur sur socle muni d'un fouet à pales jusqu'à consistance crémeuse. Dans un petit bol, combiner la poudre de wasabi, la moutarde et le jus de gingembre pour former une pâte. Incorporer la pâte au wasabi et à la moutarde dans le beurre en battant et assaisonner de sel et de poivre.

Étaler sur un morceau de papier parchemin, pliez et roulez (sans trop presser) et utiliser une règle pour compacter le cylindre. Ce beurre se conserve 1 semaine au réfrigérateur ou 3 mois au congélateur.

KETCHUP AU PIMENT CHIPOTLE

Ajoutez un peu de piquant à votre ketchup à l'aide de quelques épices et de piments chili. Pour une sauce plus lisse, réduisez le mélange en purée dans un mélangeur ou robot culinaire.

RENDEMENT : 1½ TASSE (12 OZ LIQ./375 ML)

- **piments chipotle à l'adobo en conserve :** 4
- **piment Jalapeño ou serrano :** 1
- **huile d'olive :** 1 c. à soupe
- **oignon jaune :** 1 petit, coupé en dés
- **ail :** 2 gousses, émincées
- **ketchup aux tomates :** 1 tasse (8 oz liq./250 ml)
- **sucre granulé :** 1 c. à soupe
- **cumin et chili en poudre :** 1 c. à thé chacun

Épépiner et hacher les piments chili.

Dans une petite casserole à feu moyen, faire chauffer l'huile. Ajouter les piments chipotle et Jalapeño, l'oignon et l'ail. Cuire 4 – 5 minutes en remuant à l'occasion jusqu'à tendreté. Réduire le feu à doux et incorporer le ketchup, le sucre, le cumin et le chili en poudre. Laisser mijoter environ 15 minutes jusqu'à ce que le mélange soit de couleur rouge foncé. Laisser refroidir.

Utiliser immédiatement ou couvrir de façon hermétique et réfrigérer jusqu'à 1 mois.

RELISH AU CONCOMBRE

Voici une relish rafraîchissante qui se marie bien à l'intensité des sels à frotter épicés utilisés dans les grillades. Utilisez cette relish au concombre pour agrémenter le bœuf ou le poulet.

RENDEMENT : 2 TASSES (1 LB/500 G)

- **concombre anglais :** 1
- **échalote :** 1 moyenne, tranchée très finement, les rondelles séparées
- **oignon rouge :** ½, tranché finement
- **vinaigre de cidre :** ¼ tasse (2 oz liq./60 ml)
- **sucre granulé :** 1 c. à soupe
- **feuilles de menthe fraîche :** 6-8, ciselées
- **sel et poivre moulu :** 1 c. à thé chacun

Peler, épépiner et couper le concombre en rondelles de ¼ po (6 mm).

Dans un bol moyen, combiner le concombre, l'échalote, l'oignon rouge, le vinaigre et le sucre. Mélanger plusieurs fois pour bien enduire les ingrédients de vinaigre et dissoudre le sucre complètement. Saupoudrer la menthe et mélanger. Réfrigérer 1 - 2 heures pour marier les saveurs. Juste avant de servir, passer la relish au concombre dans un tamis fin ; le concombre peut dégorger jusqu'à 1 tasse (8 oz liq./250 ml) de liquide. Jeter l'excédent de liquide. Ajouter le sel.

Utiliser immédiatement ou couvrir de façon hermétique et réfrigérer jusqu'à 1 semaine.

AÏOLI AU CITRON MEYER

Le citron Meyer est, paraît-il, un croisement entre un citron et une orange et produit un jus plus sucré que celui des citrons ordinaires. Vous le trouverez pendant les mois d'hiver et au printemps.

RENDEMENT: 2 TASSES (1 LB/500 G)

- **huile de canola et huile d'olive:** ¼ tasse (2 oz liq./60 ml) chacun
- **jaunes d'œuf:** 3 gros
- **moutarde de Dijon:** 1 c. à soupe
- **ail:** 3 gousses
- **sel:** ½ c. à thé
- **poivre blanc moulu:** ¼ c. à thé
- **jus de citron Meyer frais:** 3 – 4 c. à soupe

Verser les huiles dans une tasse à mesurer munie d'un bec verseur. Dans un mélangeur ou robot culinaire, combiner les jaunes d'œuf, la moutarde, l'ail, le sel et le poivre blanc. Pulser plusieurs fois jusqu'à pulvérisation de l'ail. Pendant que le moteur est en marche, ajouter doucement les huiles en un long filet continu. Incorporer 3 c. à soupe de jus de citron. Incorporer le reste du jus de citron, au besoin pour délayer l'aïoli; celui-ci devrait avoir la consistance d'une mayonnaise. Verser dans un bol de service, couvrir et réfrigérer.

AÏOLI AUX PIMENTS FORTS

Cet aïoli aux teintes rougeâtres ajoutera un peu de piquant à votre panoplie de condiments. Vous pouvez régler l'intensité en ajoutant juste la quantité de sauce au piment fort qu'il faut. Réfrigérez jusqu'à l'utilisation.

RENDEMENT: 2 TASSES (1 LB/500 G)

- **ail:** 6 gousses
- **jaunes d'œuf:** 2 gros
- **poivron rouge:** 1, grillé, pelé, épépiné et coupé en quartiers
- **paprika doux et chili en poudre:** 1 c. à thé chacun
- **sel et poivre moulu**
- **sauce au piment fort**
- **huile d'olive:** ½ tasse (4 oz liq./125 ml)
- **huile de canola:** ¼ tasse (2 oz liq./60 ml)

Mettre les gousses d'ail dans un petit bol. Ajouter de l'eau bouillante salée pour couvrir et laisser reposer 1 minute. Égoutter l'ail et éponger; réserver ¼ tasse (2 oz liq./60 ml) du liquide de blanchiment.

Dans un mélangeur, combiner l'ail, les jaunes d'œuf, le poivron rouge, le paprika, le chili en poudre, 1 c. à thé de sel, ½ c. à thé de poivre et quelques gouttes de sauce au piment fort. Mélanger jusqu'à ce que l'ail et le poivron rouge soient pulvérisés. Pendant que le moteur est en marche, ajouter les huiles en un long filet continu. Incorporer le liquide de blanchiment réservé au besoin, 1 c. à soupe à la fois, pour délayer l'aïoli; celui-ci devrait avoir la consistance d'une mayonnaise. Rectifier l'assaisonnement.

RENDEMENT : 2 TASSES (1 LB/500 G)

- **huile de canola :** ½ tasse (4 oz liq./125 ml)
- **huile d'olive :** ¼ tasse (2 oz liq./60 ml)
- **jaunes d'œuf :** 2 gros
- **moutarde de Dijon :** 1 c. à soupe
- **ail :** 3 gousses
- **filaments de safran :** ¼ c. à thé, hachés finement
- **sel :** ½ c. à thé
- **poivre blanc moulu :** ¼ c. à thé
- **jus de citron frais :** 1-2 c. à soupe

AÏOLI SAFRANÉ

Le safran est une épice âcre qui fait des merveilles en petites quantités. Vous le trouverez au rayon des épices de votre marché mais ne vous laissez pas tenter par la poudre qui perd sa saveur rapidement.

Combiner les huiles dans une tasse à mesurer munie d'un bec verseur. Dans un mélangeur ou robot culinaire, combiner les jaunes d'œuf, la moutarde, l'ail, le safran, le sel et le poivre blanc. Pulser jusqu'à ce que l'ail soit pulvérisé. Pendant que le moteur est en marche, ajouter les huiles en un long filet continu. Incorporer 1 c. à soupe de jus de citron. Incorporer la c. à soupe de jus de citron restant au besoin pour délayer l'aïoli ; celui-ci devrait avoir la consistance d'une mayonnaise. Verser dans un bol de service ou des ramequins individuels, couvrir et réfrigérer.

RENDEMENT : 2 TASSES (1 LB/500 G)

- **crème épaisse :** 1 tasse (8 oz liq./250 ml)
- **crème fraîche :** ½ tasse (4 oz liq./125 ml)
- **raifort frais :** ½ tasse (4 oz/125 g), pelé, râpé et épongé
- **jus de citron frais :** 3 c. à soupe
- **sucre granulé :** 1 c. à thé
- **aneth frais :** 6-7 branches, hachées finement

CRÈME FRAÎCHE AU RAIFORT

Vous pouvez acheter de la crème fraîche ou la faire vous-même en combinant 1 c. à soupe de babeurre et ½ tasse (4 oz liq./125 ml) de crème épaisse. Couvrir et laisser reposer dans un endroit chaud pendant 24 heures.

Dans un grand bol, à l'aide d'un batteur électrique, fouetter la crème environ 5 minutes jusqu'à formation de pics mous. Mettre au réfrigérateur.

Dans un petit bol, à l'aide d'un fouet, fouetter la crème fraîche jusqu'à épaississement. (Elle peut sembler liquide au début mais se coagulera pour former des pics durs.) Incorporer le raifort, le jus de citron, le sucre et l'aneth.

Incorporer la crème fraîche dans la crème fouettée.

Servir immédiatement ou couvrir de façon hermétique et réfrigérer jusqu'à 4 jours.

VINAIGRETTE AU CHAMPAGNE

Le vinaigre de champagne est fabriqué à partir de raisins de champagne et constitue l'ingrédient clé de cette recette. Il a un goût plus subtil et plus velouté que les autres variétés de vinaigre, ce qui en fait un choix idéal pour les salades.

Dans un bol moyen, combiner les huiles de pépin de raisin et d'olive dans une tasse à mesurer munie d'un bec verseur. Dans un bol non réactif (acier inoxydable ou verre), fouetter le vinaigre, la moutarde, l'échalote, le sel et le poivre blanc. Ajouter les huiles en un long filet continu en fouettant sans cesse. Verser la vinaigrette dans une saucière ou un petit bol de service.

Utiliser immédiatement ou couvrir de façon hermétique et conserver au réfrigérateur jusqu'à 2 jours.

RENDEMENT : 1 TASSE (8 OZ LIQ./250 ML)

- **huile de pépin de raisin :** ½ tasse (4 oz liq./125 ml)
- **huile d'olive extra-vierge :** ¼ tasse (2 oz liq./60 ml)
- **vinaigre de champagne :** 2 c. à soupe
- **moutarde de Dijon :** 2 c. à soupe
- **échalote :** 1, émincée
- **sel :** 1 c. à thé
- **poivre blanc moulu :** ½ c. à thé

SAUCE POUR SALADE AU BABEURRE

Versez cette sauce rafraîchissante dans un contenant en verre, mettez celui-ci sur de la glace et emportez-le à votre prochain pique-nique pour aromatiser les salades, les légumes ou une salade de chou.

Dans un bol moyen, combiner la mayonnaise, le babeurre et la crème sure. Incorporer le persil haché et la ciboulette. Assaisonner de sel et de poivre blanc.

Utiliser immédiatement ou couvrir de façon hermétique et conserver au réfrigérateur jusqu'à 2 jours.

RENDEMENT : 1½ TASSE (12 OZ LIQ./375 ML)

- **mayonnaise :** ¾ tasse (6 oz liq./180 ml)
- **babeurre :** ½ tasse (4 oz liq./125 ml)
- **crème sure :** ¼ tasse (2 oz/60 g)
- **persil italien frais :** ½ botte, les feuilles et les tiges tendres, haché finement
- **ciboulette :** ½ botte, hachée finement
- **sel et poivre blanc moulu**

VINAIGRETTE AUX TOMATES SÉCHÉES ET AU BASILIC

RENDEMENT : 1 TASSE (8 OZ LIQ./250 ML)

- **feuilles de basilic frais :** 5-6
- **huile de pépin de raisin :** ½ tasse (4 oz liq./125 ml)
- **huile d'olive extra-vierge :** ¼ tasse (2 oz liq./60 ml)
- **tomates séchées :** 2, émincées
- **vinaigre balsamique et vinaigre de vin rouge :** 1 c. à soupe chacun
- **sirop d'érable :** 1 c. à soupe
- **moutarde de Dijon :** 1 c. à soupe
- **sel et poivre moulu**

Les tomates et le basilic se marient bien ensemble et lorsqu'on y ajoute une huile d'olive de bonne qualité, on obtient une vinaigrette goûteuse. Servez-la avec des légumes grillés ou sur un lit de laitues mélangées.

Rouler les feuilles de basilic sur la longueur et trancher sur la largeur pour obtenir des rubans minces.

Dans un bol moyen, combiner l'huile de pépin de raisin et d'olive dans une tasse à mesurer munie d'un bec verseur. Dans un mélangeur ou robot culinaire, combiner les tomates séchées, les vinaigres, le sirop d'érable et la moutarde. Pulser plusieurs fois pour hacher les tomates séchées et incorporer les ingrédients en une pâte rouge épaisse. Pendant que le moteur est en marche, ajouter les huiles en un long filet continu. Ajouter le basilic et le sel et poivre au goût ; pulser une fois pour incorporer. Verser la vinaigrette dans un petit bol. Utiliser immédiatement ou couvrir de façon hermétique et conserver au réfrigérateur jusqu'à 2 jours.

VINAIGRETTE BALSAMIQUE

RENDEMENT : ½ TASSE (4 OZ LIQ./125 ML)

- **huile de pépin de raisin :** ¼ tasse (2 oz liq./60 ml)
- **huile d'olive extra-vierge, vinaigre balsamique et vinaigre de vin rouge :** 1 c. à soupe chacun
- **moutarde de Dijon :** 1 c. à soupe
- **ail :** 1 gousse, émincée
- **sel de mer :** ½ c. à thé
- **poivre moulu :** ¼ c. à thé

Cette vinaigrette acidulée est idéale pour les salades et peut également servir de sauce à tremper pour le pain grillé. On obtient de meilleurs résultats avec une huile d'olive et un vinaigre balsamique de première qualité.

Dans un bol, combiner l'huile de pépin de raisin et l'huile d'olive dans une tasse à mesurer munie d'un bec verseur. Dans un bol non réactif (acier inoxydable ou verre), fouetter le vinaigre balsamique et vinaigre de vin rouge, la moutarde, l'ail, le sel et le poivre. Ajouter les huiles en un long filet continu en fouettant sans cesse.

Utiliser immédiatement ou couvrir de façon hermétique et conserver au réfrigérateur jusqu'à 2 jours.

RENDEMENT: ENVIRON ¾ TASSE (12 OZ/375 G)

- **moutarde sèche:** ½ tasse (1½ oz/45 g)
- **bière rousse ou brune:** ½ tasse (4 oz liq./125 ml)
- **vinaigre de cidre:** 2 c. à soupe
- **sel:** ½ c. à thé
- **sucre granulé:** ¼ tasse (2 oz/60 g)
- **graines de moutarde:** 1 c. à soupe, grillées
- **œuf:** 1 gros, battu

MOUTARDE À LA BIÈRE

La moutarde a toujours eu une place de choix au rayon des condiments. Ajoutez-y de la bière et elle est encore meilleure. Plus la bière est foncée, plus la saveur sera intense.

Fouetter la moutarde, la bière, le vinaigre et le sel dans un bol non réactif (acier inoxydable ou verre) pour obtenir un mélange lisse. Couvrir et laisser reposer au moins 2 heures ou jusqu'au lendemain.

Transférer dans une casserole non en aluminium. Incorporer le sucre, les graines de moutarde grillées et l'œuf en fouettant sans cesse jusqu'à ce que le mélange bouillonne. La moutarde doit être de couleur ambre à jaune et de goût prononcé. Laisser refroidir.

Utiliser immédiatement ou couvrir de façon hermétique et conserver au réfrigérateur jusqu'à 1 mois.

RENDEMENT: 2 TASSES (1 LB/500 G)

- **olives de Kalamata ou de Gaeta:** 2 tasses (8 oz/250 g), dénoyautées ou traitées à l'huile
- **filets d'anchois:** 3, conservés dans l'huile
- **flocons de piment chili:** 1 c. à thé, écrasés
- **oignon rouge:** ½, tranché finement
- **sel de mer, de préférence fleur de sel**
- **poivre moulu**

TAPENADE

La tapenade d'olive donne une saveur méditerranéenne à toutes les grillades: pain grillé, salades, pommes de terre aussi bien que le bœuf, le poisson et le poulet.

Hacher grossièrement les olives et les filets d'anchois.

Dans un bol moyen, mélanger les olives, les anchois, le flocons de piment et l'oignon. Assaisonner de sel et de poivre au goût.

Utiliser immédiatement ou couvrir de façon hermétique et réfrigérer jusqu'à 1 semaine.

CHUTNEY À LA RHUBARBE

La rhubarbe est un légume très acidulé que l'on cuisine habituellement avec du sucre pour adoucir la saveur. Dans cette recette, on en fait un chutney rouge vif qui est délicieux avec le poulet ou la dinde grillés.

Dans une casserole épaisse à feu moyen-vif, combiner la rhubarbe, l'oignon, le vinaigre, le vin rouge et ½ tasse (4 oz liq./125 ml) d'eau et porter à ébullition. Laisser mijoter environ 10 minutes jusqu'à tendreté de la rhubarbe et des oignons et évaporation presque complète de l'eau. Incorporer le sirop d'agave, la cassonade, le macis, le piment de la Jamaïque, la poudre cinq-épices, le garam masala et le clou de girofle. Cuire à feu moyen-vif 5 – 10 minutes de plus jusqu'à ce que le mélange soit épais et le liquide presque évaporé. Rectifier l'assaisonnement ; le chutney doit être très épicé et avoir la consistance d'une mayonnaise. Verser dans un bol, couvrir de façon hermétique et réfrigérer au moins 1 heure ou jusqu'à 6 heures.

RENDEMENT : 2 TASSES (1 LB/500 G)

rhubarbe : 2 tiges, coupées en dés, environ 1½ tasse (6 oz/180 g) au total

oignon rouge : 1, coupé en dés

vinaigre de vin rouge sec : ¼ tasse (2 oz liq./60 ml)

vin rouge : 3 c. à soupe

sirop d'agave léger : 3 c. à soupe

cassonade pâle : 2 c. à soupe

macis, piment de la Jamaïque, poudre cinq-épices et garam masala : ½ c. à thé chacun

clou de girofle moulu : ¼ c. à thé

CHUTNEY AUX CANNEBERGES

Si vous préparez ce chutney pendant la saison des canneberges fraîches, utilisez celles-ci à la place des surgelées. Utilisez ce chutney pour accompagner votre dinde grillée d'Action de grâce.

Dans une casserole épaisse à feu moyen-vif, combiner les canneberges, les poires, l'oignon, le gingembre, le jus et zeste d'orange, le vinaigre, le vin blanc et ½ tasse (4 oz liq./125 ml) d'eau et porter à ébullition. Laisser mijoter 8 – 10 minutes jusqu'à ce que les poires et les oignons soient tendres et que les canneberges commencent à éclater. Incorporer la cassonade et la cannelle et remuer pour dissoudre le sucre. Cuire à feu moyen-vif environ 10 minutes de plus jusqu'à réduction de moitié du liquide. Verser un tiers du mélange dans un mélangeur ou robot culinaire et réduire en purée. Incorporer la purée dans la casserole. Rectifier l'assaisonnement. Couvrir de façon hermétique et réfrigérer au moins 1 heure ou jusqu'à 4 heures.

RENDEMENT : 2 TASSES (1 LB/500 G)

canneberges surgelées : ¼ lb (10 oz/315 g), tempérées

poires rouges : 2, pelées, évidées et coupées finement en dés

oignon : 1 petit, tranché finement

gingembre : 1 c. à thé, pelé et râpé finement

jus d'orange : ¾ tasse (6 oz liq./180 ml)

zeste d'orange : 1 c. à thé

vinaigre de cidre et vin blanc : ¼ tasse (2 oz liq./60 ml) chacun

cassonade pâle : ¾ tasse (6 oz/185 g)

cannelle moulue : ½ c. à thé

RENDEMENT: 2 TASSES (1 LB/500 G)

pêches jaunes: 2 lb (1 kg)

mangue: 1, pelée

ananas frais ou en conserve: ½ tasse (6 oz/185 g), coupé en dés

sirop d'agave léger: 1 c. à soupe

vinaigre de cidre: 2 c. à soupe

cassonade pâle: 2 c. à soupe, légèrement tassée

cannelle et cardamome moulues: ½ c. à thé chacun

sauce au piment fort

coriandre fraîche: 2 c. à soupe, ciselée

CHUTNEY DE FRUITS À NOYAU

Rien n'est plus agréable que l'arrivée de l'été et avec celui-ci la saison des fruits à noyau. Dans cette recette, on peut remplacer les pêches par des nectarines ou utiliser un mélange des deux.

Dénoyauter les pêches et la mangue et couper en dés de ½ po (12 mm).

Dans une casserole épaisse à feu moyen-vif, combiner les pêches, la mangue, l'ananas, le sirop d'agave, le vinaigre, la cassonade, la cannelle, la cardamome et quelques gouttes de sauce au piment et porter à ébullition. Réduire le feu à moyen et cuire le chutney 5 – 6 minutes, en remuant bien, jusqu'à ce qu'il soit sirupeux et épais, et les fruits tendres. Laisser refroidir à température de la pièce. Incorporer la coriandre et servir immédiatement ou couvrir de façon hermétique et réfrigérer jusqu'à 1 semaine.

RENDEMENT: 2 TASSES (1 LB/500 G)

oignon rouge: 1 moyen, pelé et tranché finement, environ 2 tasses

vinaigre de vin rouge: ¼ tasse (2 oz liq./60 ml)

vin rouge: ¼ tasse (2 oz liq./60 ml)

sucre granulé: ½ tasse (4 oz/125 g)

feuilles de thym frais: 1 c. à soupe

sirop d'agave léger: ¼ tasse (3 oz liq./90 ml)

CONFITURE D'OIGNONS CARAMÉLISÉS

Cette confiture peut être préparée sur la cuisinière ou sur le gril à l'aide d'un brûleur latéral. Elle est imbattable pour accompagner un gros bifteck ou hamburger juteux.

Dans une casserole moyenne à feu moyen-vif, combiner les oignons, le vinaigre, le vin rouge, le sucre et le thym et porter à ébullition. Réduire le feu à moyen-doux et cuire environ 10 minutes, en remuant à l'occasion, jusqu'à ce que les oignons soient très tendres et translucides. Ajouter le sirop d'agave et remuer pour enduire les oignons du mélange. Cuire 1 – 2 minutes de plus, en prenant soin de ne pas brûler les oignons, jusqu'à ce que les oignons commencent à caraméliser et que le mélange soit épais et sirupeux. La confiture s'épaissit en cuisant.

Servir immédiatement ou couvrir de façon hermétique et réfrigérer jusqu'à 1 semaine.

Recettes de base

Voici quelques recettes de base qui accompagnent bien les côtes de porc, les brochettes d'agneau, le poulet et la dinde sur le gril. Servez-les ainsi ou utilisez-les pour accompagner les grillades de votre choix.

COMPOTE DE POMMES GRILLÉES

beurre non salé : 4 c. à soupe (4 oz/125 g)

cassonade pâle : 1 tasse (7 oz/220 g), bien tassée

cannelle moulue : ½ c. à c. à thé

cardamome moulue : ¼ c. à thé

clou de girofle moulu : ¼ c. à thé

pommes acidulées à chair blanche telles que Granny Smith, Gala ou Gravenstein : 4-6, environ 2 lb (1 kg) au total, pelées, évidées et coupées en quartiers

calvados ou autre brandy : 2 c. à soupe

RENDEMENT : 4 PORTIONS

Dans une grande casserole à feu moyen-vif, faire fondre le beurre jusqu'à ce qu'il arrête de mousser. Incorporer le sucre, la cannelle, la muscade, le piment de la Jamaïque, la cardamome et le clou de girofle. Réduire le feu à moyen-doux et cuire 5 – 7 minutes en remuant jusqu'à ce que le mélange dégage un arôme et que le sucre soit fondu. Ajouter les pommes et le calvados et remuer pour enduire les pommes du jus de cuisson.

Sur un gril au charbon de bois ou au gaz préparé pour une cuisson à chaleur moyenne-élevée directe, disposer les pommes sur la grille ou dans un panier à griller au-dessus de la chaleur la plus intense. Griller 10 – 12 minutes en tournant souvent jusqu'à ce que les pommes soient caramélisées et tendres. Laisser refroidir et transférer dans le bol d'un robot culinaire.

Entre-temps, en travaillant par petites quantités, réduire les pommes en purée. Rectifier l'assaisonnement; la compote doit être très épicée. Transférer dans une casserole et tenir au chaud sur le gril ou la cuisinière ou laisser refroidir à température de la pièce.

Pommes grillées et crème glacée : *Les pommes grillées sont délicieuses servies avec de la crème glacée. Suivez la recette ci-dessus mais sans réduire en purée. Laissez les pommes tiédir et servez par-dessus une boule de crème glacée à la vanille.*

COUSCOUS AUX HERBES

couscous : 2 tasses (12 oz/375 g)

sel

persil italien frais : ¼ tasse (1/3 oz/10 g), haché finement

estragon frais et citrons confits : 2 c. à soupe chacun, hachés finement

amandes tranchées : 2 c. à soupe, grillées

cumin moulu : 1 c. à thé

RENDEMENT : 6 PORTIONS

Dans une casserole moyenne à feu moyen, ajouter 1½ tasse (12 oz liq./375 ml) d'eau et ½ c. à thé de sel. Lorsque l'eau boue, retirer du feu et incorporer le couscous. Couvrir et laisser reposer 10 minutes. Dans un grand bol, combiner les ingrédients restants et mélanger délicatement. Servir tiède.

RAÏTA À LA MENTHE

yogourt de lait entier à la grecque : 2 tasses (16 oz/500 g)

menthe fraîche : 3 c. à soupe, hachée finement

coriandre fraîche : 2 c. à soupe, les feuilles et les tiges

cumin moulu : ½ c. à thé

zeste et jus d'une lime

gros sel et garam masala : ½ c. à thé chacun

RENDEMENT : 6 – 8 PORTIONS

Mettre le yogourt dans un tamis tapissé de coton à fromage humide au-dessus d'un bol. Couvrir et égoutter au moins 1 heure ou jusqu'à 4 heures; jeter le liquide. Dans un bol non réactif (acier inoxydable ou verre), mélanger le yogourt, la menthe, la coriandre, le cumin, le zeste de lime et le sel. Ajouter le jus de lime, 1 c. à soupe à la fois, jusqu'à ce que la sauce soit crémeuse. Rectifier l'assaisonnement en jus de lime et en sel. Verser dans un bol de service et saupoudrer de garam masala. Couvrir de façon hermétique et réfrigérer 1 heure.

SAUCE BRUNE CAMPAGNARDE

vin blanc : ½ tasse (4 oz liq./125 ml)

eau, fond de volaille ou bouillon de poulet : ½ tasse (4 oz liq./125 ml)

beurre non salé : 2 c. à soupe

farine tout-usage : 2 c. à soupe

gros sel et poivre blanc moulu

RENDEMENT : 4 PORTIONS

Si la recette de dinde grillée à la page 157 est utilisée, piler les légumes rôtis et les tiges d'herbes qui se trouvent sous la dinde dans le plat à rôtir. Retourner le plat sur le gril au-dessus de la chaleur directe ou sur la cuisinière à feu moyen-vif et déglacer avec le vin blanc et l'eau, en utilisant une cuillère en bois pour racler les résidus de cuisson. Filtrer dans un tamis au-dessus d'une tasse à mesurer munie d'un bec verseur; jeter les solides. À l'aide d'une petite louche, écumer le gras à la surface en laissant 1 – 2 c. à soupe dans la tasse avec les jus de cuisson.

Dans une casserole à feu moyen, faire fondre le beurre jusqu'à ce qu'il arrête de mousser. Incorporer la farine, assaisonner de sel et de poivre blanc et cuire environ 2 minutes en remuant sans cesse jusqu'à ce qu'elle soit bien dorée. Ajouter les jus de cuisson tamisés, ½ tasse (4 oz liq./125 ml) à la fois, en retirant brièvement le plat du feu après chaque addition et en fouettant vigoureusement. Laisser mijoter la sauce environ 10 minutes jusqu'à ce qu'elle soit très lisse et assez épaisse pour napper le dos d'une cuillère. Rectifier l'assaisonnement.

Note : *Si la recette de dinde grillée de la page 157 n'est pas utilisée, rôtir les légumes suivants pour la sauce : 3 grosses carottes, pelées et coupées en deux sur la longueur; 4 tiges de céleri; et 2 oignons jaunes, pelés et coupés en quartiers.*

Index

OXMOOR HOUSE

Les livres d'Oxmoor House sont distribués par Sunset Books
80 Willow Road, Menlo Park, CA 94025
Téléphone : 650-321-3600 Fax : 650-324-1532

Vice-président et éditeur associé : Jim Childs
Directeur du marketing : Sydney Webber

Oxmoor House et Sunset Books sont des filiales de
Southern Progress Corporation

WILLIAMS-SONOMA INC.

Fondateur et vice-président : Chuck Williams

SUR LE GRIL

Conçu et produit par Weldon Owen Inc.
415 Jackson Street, San Francisco, CA 94111
Tél. : 415-291-0100 Fax : 415-291-8841
www.weldonowen.com

En collaboration avec Williams-Sonoma Inc.
3250 Van Ness Avenue, San Francisco, CA 94109

Une production de Weldon Owen

www.parfumdencre.com

Traduction : Carl Angers

Première impression en 2010
10 9 8 7 6 5 4 3 2 1

Catalogage avant publication de Bibliothèque et Archives nationales du Québec et Bibliothèque et Archives Canada

Cooper, Willie (William M.), 1961-
Sur le gril
Traduction de: On the grill.
Comprend un index.
Publ. en collab. avec: Weldon Owen.

ISBN 978-2-923708-34-8

1. Cuisine au barbecue. I. Mackay, Jordan. II. Thompson, Fred, 1953- . III. Weldon Owen Inc. IV. Titre.

TX840.B33C6614 2011 641.5'784 C2010-941973-1

Imprimé en Chine par Toppan-Leefung

WELDON OWEN INC.

Président-directeur, Weldon Owen Group : John Owen
PDG et Président : Terry Newell
Vice-président, ventes internationales : Stuart Laurence
Vice-présidente, ventes et développement commercial : Amy Kaneko
Directeur des finances : Mark Perrigo

Vice-présidente et éditrice : Hannah Rahill
Éditrice associée : Amy Marr
Réviseure : Donita Boles

Vice-présidente et directrice artistique : Gaye Allen
Directrice artistique principale : Emma Boys
Conceptrice principale : Renée Myers

Directeur de la production : Chris Hemesath
Chef de la production : Michelle Duggan
Gestion des couleurs : Teri Bell
Directrice photo : Meghan Hildebrand

Photographe : Ray Kachatorian
Styliste culinaire : Lillian Kang
Assistant-styliste culinaire : Jeffrey Larsen
Styliste pour les accessoires : Natalie Hoelen
Assistante-styliste pour les accessoires : Lori Engels
Assistants-photographes : Chris Andre, Ed Rudolph, Matthew Savage

REMERCIEMENTS

De William Cooper : Je voudrais remercier mon équipe chez Weldon Owen, en particulier Amy Marr pour sa vision de l'ensemble et son soutien moral; Hannah Rahill et Emma Boys pour avoir prêté leur maison et leur gril pour les photographies du livre; la réviseure Donita Boles pour sa patience et son travail acharné à réviser mes recettes et mes divagations sur la nourriture; le photographe Ray Kachatorian pour avoir réussi les prises quand nous en avions le plus besoin; et la conceptrice Renée Myers qui a su voir au-delà de la cour arrière pour les aventures au pays des grillades.

Weldon Owen aimerait remercier les individus suivants pour leur aimable assistance dans la réalisation de ce livre : Sarah Putman Clegg, Ken DellaPenta, Marisa Kwek, Leslie Neilson, Katherine Shedrick, Sharon Silva, Kate Washington et Dawn Yanagihara.

Les propriétaires : Emma Boys, Willie and Kelly Cooper, Hannah Rahill and Tom Tunny, Jennifer and Christian Stark.

Les figurants : Pat Campion; Charlotte, Emma, and Willie Cooper; Greg Eng; John Leekley; Scarth Locke; Owen Lucas; Karina Mcloughlin, Gary Miltimore; and Julian Stark. Les chiens : Chula, Jazzie, and Pixie